El Silencio de Leah

Jorge A. Piña Quevedo, M. A.

Impreso en Victoria, BC, Canadá.

ISBN: 978-1-4269-1976-3

*Nuestra misión es ofrecer eficientemente el mejor y más exhaustivo servicio de
publicación de libros en el mundo, facilitando el éxito de cada autor. Para conocer
más acerca de cómo publicar su libro a su manera y hacerlo disponible alrededor del
mundo, visítenos en la dirección www.trafford.com*

Trafford rev. 11/12/2009

www.trafford.com

Para Norteamérica y el mundo entero
llamadas sin cargo: 1 888 232 4444 (USA & Canadá)
teléfono: 250 383 6864 ◆ fax: 812 355 4082

Para lo femenino profundo que vive

en los seres humanos

Prólogo

Hablar, expresarme verbalmente, no ha sido un problema para mí. Los estudios en periodismo me dieron las herramientas para poder construir un mensaje coherente dirigido a un grupo determinado de personas.

La periodista que habitaba en mí, siempre confió en sus habilidades para decir lo correcto, lo propio, algunas veces lo interesante y en otras, con suerte, aún lo importante.

Recuerdo pocas ocasiones en que sintiera que hablar me vulneraba, me ponía en riesgo, me exponía. La mayor parte de las veces hablaba de ideas y de conceptos generales que no me involucraban directamente, sino que se podían aplicar a cualquier persona.

Al mismo tiempo, he estado muy cerca de sentirme cual bloque de concreto cuando se trata de expresar lo que me corresponde, lo personal, lo que es necesario para que yo pueda respirar en cualquier relación, en el mundo.

Tengo muy presentes los momentos en que frente a una persona, particularmente del sexo masculino, se han formado las palabras, las preguntas, las necesidades, los reclamos, las inconformidades, listas para salir, muy arregladitas y peinadas para cumplir su cometido y yo he decidido regresarlas a sus lugares de origen, donde permanecen inquietas y con ánimos de comenzar una revolución.

La protagonista de esta historia conoce de qué hablo. Sus silencios y los míos se parecen tanto como hermanos.

Con la lectura de esta obra, he visitado rincones muy conocidos de mi propia historia, pero también he tocado la puerta de algunos otros que de cierto modo intuyo me pertenecen, pero que no me atrevo a reconocer. Todavía.

Leah ha estado metida a fondo en este asunto de ser mujer. Ella conoce a la diosa y a las mujeres que aquí aparecen: Atenea, Medusa y Aracne.

Yo conozco muy bien a Atenea y apenas me estoy atreviendo a mirar a Medusa, cuando era bella. Porque la Medusa con la que tengo relación se ha manifestado de formas más violentas en mi historia: vomitando mis palabras cuando ya se cansaron de esperar.

Acompañada de Leah, sucedió algo: hablé. No transmití una idea, ni ofrecí una información, tampoco vomité veneno. Simplemente expresé lo que quiero.

No, no lo obtuve.

A pesar de lo dolorosa que fue esa negativa, siento una fuerza distinta, porque al expresarlo, me di cuenta de lo que representa para mí esa aspiración. Al ponerla en el mundo con mis palabras se convirtió en un deseo real y digno.

Esto que dije, esto que expresé, es lo mío, lo propio, lo que me incumbe y me corresponde. La sensación de haberlo hecho presente es el equivalente a encontrar más espacio para una falda amplia, una que algunas veces me estorbaba.

No sé si muy pronto tendré que hablar nuevamente, pero hoy lo hice y me gusta el movimiento y la apariencia de mi falda que al parecer tiene más vuelo del que yo supuse.

S. G.

Sentir…qué difícil verbo para mí.

Por momentos pude ser la protagonista de la historia y llegué a experimentar ternura por mí misma. Descubrí que por mucho tiempo he sido lo que los demás esperan de mí y con ello he rechazado partes de mi propio ser.

Leer el libro fue reflejarme en la historia de Leah y sentí una profunda tristeza cuando pude remontarme a la niña que creyó: ¡Que callar sería premiado! ¡Que callar era una virtud digna de ser alabada! ¡Que callar era solamente no emitir palabras y que era la mejor manera de sentirme aceptada!

Hoy, que me he dado cuenta de que todas las palabras que me guardé se vuelven hacia mí y puedo escucharlas, sé que callar es vivir en una profunda soledad y ha sido la mejor manera de enfermar mi alma.

De entre todo, lo más terrible de haberme callado es que ahora, aunque puedo hablar ya no sé qué decir.

Leer el Silencio de Leah fue vivir mi propio proceso terapéutico.

F. B.

Mientras escribo lloro, son tantas las lágrimas que apenas puedo ver. Resultado de la lectura de tu libro.

Leerlo ha sido una gran terapia, saber que otras personas experimentan exactamente las mismas emociones que yo me ha reconfortado.

Estoy llena de trabajo, de dolores de cuello, de estómago, de corazón...pero estos días me acompañan tu libro, Leah y tú.

M. C. B.

Prefacio

En el transcurso de mi vida me he encontrado con interrogantes que no han sido fáciles de contestar.

Allá lejos, en el fondo del alma y casi invisibles, se encuentran los vestigios emocionales de un pasado que a pesar de no formar parte de nuestra experiencia de vida personal, influyen de manera determinante en el presente y al menos en potencia, tienen la capacidad de atraparnos.

Actitudes, pensamientos, sentimientos y formas estereotipadas de responder emocionalmente a ciertos estímulos son parte de mi existencia y tiempo atrás, ni siquiera imaginaba cuál podría ser su origen, mucho menos su sentido.

A lo largo de los años, primero en mí mismo y después en el ejercicio de mi profesión de psicoterapeuta, he podido observar cómo en diferentes etapas de los procesos de maduración, los seres humanos llegamos a enfrentarnos con una barrera que resulta difícil de superar y esto se debe a que el material del que está hecha, es el conflicto entre lo que realmente somos y lo que la colectividad, e incluso una parte de nosotros mismos, nos exige ser.

En ocasiones estamos conscientes de las consecuencias de llevar a cabo nuestros deseos y por esa razón decidimos suprimirlos pero, otras veces, simplemente nos quedamos paralizados, impotentes y enojados por no realizarlos o por cumplirlos sin realmente desearlo.

Tal parece que una fuerza de origen desconocido y más grande que la voluntad, toma el control de nuestros actos y nos detiene o nos obliga, en ocasiones, dolorosamente.

Como yo mismo he podido testificar, existe un profundo sufrimiento al experimentar esa división que parece insuperable, pero hay en nuestro interior una energía que irremediablemente nos conducirá a ser lo que ya éramos desde el principio, esto es, un ser humano completo.

Nuestros éxitos y fracasos, las satisfacciones y frustraciones, los logros y los deseos, la aparente realidad y las fantasías, los hechos y las ilusiones, nuestras alegrías y nuestros sufrimientos, las relaciones y la soledad, los dones y los defectos, nuestras fallas y nuestros aciertos, en otras palabras, todo lo que experimentamos en la vida conforma el sendero por el que caminamos de regreso a nuestro origen.

Comunicarnos con los demás puede considerarse como un requisito indispensable para vivir en sociedad, por eso aprendemos un lenguaje hablado. Pero hay otras formas de comunicación más primitivas que hemos dejado de utilizar de manera consciente y sin embargo nos permiten hacer contacto y establecer un diálogo con "los otros" que habitan en nuestro interior.

Las sensaciones corporales, los problemas, las limitaciones, los tropezones, los actos repetitivos, los recuerdos olvidados, lo que nos saca de quicio, los deseos, los sueños, los defectos y los dones, todos estos elementos son parte de esas formas de comunicación que aunque no estamos acostumbrados a utilizar, nos conducen a niveles tan profundos que ahí, los seres humanos, ya no somos tan diferentes unos de otros.

Deseo que cuando leas este libro, puedas reconocer la similitud que en lo profundo compartes con los personajes que forman el elenco de esta obra. Las circunstancias exteriores pueden ser diferentes pero si observas con cuidado, estoy seguro que descubrirás algunos contenidos de tu alma de los que hasta ahora habías estado inconsciente.

Deja que todo tu ser participe en la lectura y toma en cuenta que aunque no todo lo que está escrito es completamente real, eso no significa que deje de ser cierto.

Jorge A. Piña Quevedo

Agradecimientos

El primer agradecimiento es para Leah y para mis pacientes, pues con sus vidas y la confianza que en mí depositaron, me ha sido posible comprender una parte del origen del sufrimiento del alma.

Compartir con ellas y ellos sus experiencias ha enriquecido mi vida y el mejor regalo que he podido recibir, es ver sus progresos y la resolución de sus dificultades hasta acercarse, lo más posible, a ser quienes realmente son.

Agradezco a las mujeres que han sido y aún son parte esencial en mi vida, en especial a mi esposa, a mis hijas, a mi madre, a mis hermanas y a mi suegra.

Mi agradecimiento a las lectoras que gustosamente revisaron mi escrito y participaron en el prólogo.

A Silvia Gómez por realizar la corrección de estilo.

A Emiliano Rodríguez que me permitió utilizar una de sus fotografías en la portada.

A Katherine Griffis-Greenberg, por su investigación acerca de las diosas de la antigüedad.

A Editorial Cuatro Vientos por su permiso para incluir definiciones del Lexicon Junguiano.

Además, les agradezco a Neith, Atenea, Medusa y Aracné por el permiso para hablar de sus vidas sin haberlas conocido en el mundo exterior.

También agradezco a todas las personas que permanecerán en el anonimato pero que influyeron en mí aunque nuestros caminos se hayan cruzado, a veces, tan sólo un instante.

Pero sobre todo estoy agradecido con mi sufrimiento y no porque sea agradable, sino porque le debo la oportunidad de acercarme a mi verdadero ser sanando así mis heridas.

Aunque solamente Dios sabe qué tan largo es el tramo que me falta por recorrer, ahora me siento más seguro para transitar por el camino de regreso.

Índice

Introducción

La noche era particularmente oscura pues la luna se ocultaba tras la sombra de nuestro planeta. El viento que soplaba con fuerza desde media tarde se había llevado lejos la contaminación y las nubes, razón por la que sentado en el piso de un pequeño balcón pude admirarme al observar tantas estrellas en el firmamento.

Titilantes, luminosas, abundantes hasta la saciedad. ¿Desde cuándo estarán ahí? ¿Algún día desaparecerán? Y hoy, como aquélla noche, aún no tengo las respuestas. Mientras llega el conocimiento, hay preguntas que sólo la imaginación y la fantasía pueden contestar.

En mi mente surgió otro cuestionamiento: ¿Todo tiene una razón? Y en ese preciso instante me conecté con la sensación de estar parado en medio de un sitio y no saber cómo había llegado hasta ahí. No era desconocida pues ya la había experimentado con anterioridad. ¿Inconsciencia? ¿Destino?

Lo que generalmente hacía y en ese momento repetí, era buscar las causas, desvíos, olvidos, justificaciones, motivos, pecados y omisiones que pudieran explicar de manera consciente mi posición. Junto con las respuestas venían los remordimientos, los juicios, la culpa y la vergüenza.

Muchas veces surgió en mí la esperanza de que con darme cuenta de lo que pasaba y hacer uso de mi fuerza de voluntad sería más que suficiente, pero un día fue muy claro que con esos ingredientes no me alcanzaba para salir de una situación.

Mi mente podía describir lo que me sucedía, pero de esa forma solamente se incrementaba la impotencia de saber que estaba haciendo algo que no quería y aún así, no podía evitarlo.

Más juicios, más culpa, más vergüenza, más reproches, más auto-devaluación, más esfuerzos fallidos y más consecuencias negativas por mis actos, pero ni con eso podía abandonar un comportamiento.

Con el tiempo comencé a cuestionarme: ¿Habrá algo mal en mí? ¿Soy masoquista? ¿Estaré medio loco?

Entonces recordé que la mayor parte de las estrellas que podía ver esa noche ya no se encontraban en el sitio en que las observaba, puesto que desde hacía muchos años habían cambiado de lugar. Lo que estaba viendo era la luz que habían emitido largo tiempo atrás.

Me pregunté entonces si sería posible que algo similar me pudiese ocurrir a mí, esto es, pensé que tal vez yo buscaba razones para explicar mi situación basándome en lo que podía recordar de mi vida cuando tenía que hacerlo en sitios más profundos de mi ser, pero no tan sólo para encontrar las memorias olvidadas y las causas, sino para descubrir la intencionalidad de los sucesos.

Es de suma importancia considerar que los eventos que tuvieron lugar en el pasado y los que están ocurriendo en el presente, me colocan en un sitio en el que se espera que haga algo. La integración de los contenidos del inconsciente a mi conciencia, han de tener un resultado y no solamente una razón.

Tal vez te resulte muy extraño saber que dentro de ti -al igual que sucede con el resto de los seres humanos- existen experiencias psíquicas de situaciones en las que no has estado presente.

Puede parecerte imposible imaginar siquiera que en lo más profundo de tu alma existan memorias y huellas emocionales de eventos que ocurrieron hace miles de años, así como de las diferentes formas de responder ante algunos que incluso hoy en día son más o menos similares, pero bien sabes que en ocasiones lo imposible es parte de la realidad.

A finales del siglo XIX, época en que las teorías del Dr. Freud habían revolucionado el origen y el tratamiento de los padecimientos mentales, se pensaba que en el inconsciente de los individuos solamente se podían encontrar eventos de su vida personal. En otras palabras, nada que no fuese parte de la existencia de un individuo podría ser hallado en su inconsciente.

Esta teoría que continúa siendo fundamental en el ámbito del psicoanálisis, fue retada por los resultados de las investigaciones del

Dr. Carl Gustav Jung, psiquiatra suizo que durante el transcurso del tratamiento de varios de sus pacientes, descubrió que en situaciones emocionales similares, surgían desde la parte inconsciente de sus mentes símbolos e incluso información a la que jamás habrían podido tener acceso.

Esto lo hizo plantear como hipótesis, la existencia de un estrato en la mente de los seres humanos que se encontraría en un lugar más profundo del inconsciente y que, por lo mismo, tendría que ser compartido por muchas personas.

El Dr. Jung continuó con su investigación y descubrió, al estudiar las leyendas, historias, cuentos y mitos de culturas diferentes, que en todos ellos había elementos que sin importar la época o el lugar en que habían sido escritos, simbolizaban lo mismo. Al conjunto de todos esos contenidos compartidos lo nombró inconsciente colectivo (1).

Después de más de veinte años de trabajo y estudio, en el año de 1912 publicó sus hallazgos en un libro llamado Símbolos de Transformación y sus ideas revolucionarias, fueron una de las principales causas de su rompimiento con el padre del psicoanálisis.

Ahora bien, en el mundo occidental la mitología más influyente es, sin duda, la creada por los griegos y los romanos. En ella y a través de todos sus personajes, ya sean estos dioses, semidioses, animales, monstruos o seres humanos, se describen diversas formas de pensar y de actuar que son recurrentes entre los individuos, en todo tiempo y lugar.

Por ejemplo, los hombres fuertes, dominantes, que utilizan principalmente su función de pensamiento y que parecen no tener sentimientos, además de que siempre ven para sus propios intereses, actúan de una manera similar a la de Zeus, el dios más poderoso del Olimpo. Hera, su esposa, es el ejemplo de las actitudes de una mujer llena de celos ocasionados por las actitudes de su marido, conquistador incansable.

Venus, la diosa del amor, es la imagen que si se activa en la psique de una persona, la hace actuar de tal manera que nadie se puede resistir a su atractivo ya que envuelve todo con una vital, tierna y en ocasiones salvaje sensualidad.

Sísifo, cuyo mito habla de un hombre que tiene que subir una inclinada cuesta rodando una gran piedra y cuando está a punto de alcanzar la cumbre la suelta para empezar de nuevo, puede ser la imagen simbólica de alguien que nunca acaba de pagar sus culpas o de una persona que atrapada en una actitud se esfuerza por superarla haciendo lo mismo que ya sabe no le dará resultado y aún así, lo intenta de nuevo.

Adicionalmente, en la mitología griega se describen las relaciones de los dioses con los seres humanos y sus consecuencias no siempre positivas, razón por la que, si estudiamos la mitología, será más o menos sencillo darnos cuenta de la manera en que la energía de un dios o de una diosa se encuentra viva en el inconsciente de una persona y cómo, cuando se activa, altera su conciencia y la obliga a percibir, pensar, sentir y a comportarse de una forma determinada.

Todo el aprendizaje y las memorias adquiridas durante miles de años, han conformado un estrato de contenidos inconscientes que ya se encuentra en la psique de un bebé recién nacido y su activación depende, además de su propia personalidad, de las actitudes de sus cuidadores, del medio ambiente físico y cultural en el que nazca y de las personas e instituciones con las que en el transcurso de su vida se relacionará.

Uno de los temas centrales de este escrito es mostrar la presencia y la forma de actuar de ciertas energías de Atenea que se encuentran activas en los seres humanos actuales, sin importar si son mujeres u hombres.

Otro tema central, es presentar la idea de que las actitudes humanas que la sociedad y sus reglas consideran como fallas, defectos y actos erróneos, no son más que la expresión de la complitud (2) original de los seres humanos. Pero sin duda, lo más importante es que los lectores puedan apreciar la lucha constante entre lo que una persona es y lo que la sociedad le impone.

Quiero lograrlo exponiendo la similitud y la relación que hay entre los mitos de Neith, Atenea, Medusa y Aracné, con lo que le sucede a un ser humano durante el camino de retorno hacia su origen, al que el Dr. Carl Jung nombró individuación (3) y en el que tiene que librar muchas batallas -tanto internas como externas- que se alimentan con la energías instintivas de la vida misma y cuya principal motivación surge desde el centro de la personalidad conocido como el Sí-Mismo (4).

La actitud que me servirá como hilo conductor será el silencio, pero no ese que surge cuando en ocasiones ignoro qué debo decir, o cuando me he visto sorprendido por las palabras de mi interlocutor o en esos momentos en los que no me conviene decir lo que pienso o lo que siento.

Me refiero al silencio que aparece cuando sé exactamente lo que debo decir, cuando no estoy sorprendido por las palabras de la persona con la que estoy hablando, cuando me conviene decir lo que quiero y sin embargo, callo.

¡Algo detiene las palabras dentro de mi boca! No es la educación ni los buenos modales, no es tampoco la ignorancia, ¿entonces qué es? Parece difícil creer en la conveniencia de mi silencio y en tal caso, ¿cuál sería?

Si el lenguaje hablado es una de las maneras en las que puedo comunicarme con los demás, arriesgándome al simplismo, podría suponer que cuando me callo deseo cortar la comunicación, pero como he advertido, eso no es lo que quiero y sin embargo me ocurre.

Entonces, hay tres preguntas que surgen y quiero responder:

1. Algo en mí me impide expresarme a través de las palabras pero, ¿qué o quién es?
2. Seguramente tiene una buena razón pero, ¿cuál puede ser?
3. También debe de tener un objetivo pero, ¿qué querrá lograr?

Yo, como cualquier ser humano, desde mi niñez he estado sujeto a un proceso de adaptación (5) que de acuerdo a la influencia del medio ambiente y mi personalidad, me ha permitido formar parte de una familia y de otros grupos sociales que tienen sus propias reglas.

Para lograrlo, he tenido que suprimir algunas partes de mi propio ser, además de esforzarme por mantener algunos aspectos e impulsos que existen dentro de mí, fuera de la vista de los demás y lo que es peor, en algunos casos hasta de mí mismo.

He ignorado anhelos, necesidades e incluso algunos dones. Todo para ser aceptado y para tener derecho a disfrutar lo que la sociedad me ofrece a cambio, aunque no de todo.

Lo más importante es que las partes de mi ser que he suprimido, esos aspectos que he mantenido fuera de vista, esos anhelos, esas necesidades y esos dones no han desaparecido, sino que permanecen activos en mi interior y, desde ahí, continúan influyendo en toda mi vida. Aunque no esté consciente de ello.

Ahora bien, es conveniente aclarar que no todo lo que ha quedado fuera de mi conciencia se debe exclusivamente a mi voluntad puesto que hay energías psíquicas, como la represión (6), que pueden controlarme de manera inconsciente y la mayoría de las veces me llego a enterar de su presencia a través de las consecuencias.

Durante la vida de nuestros antepasados, ocurrieron eventos y situaciones que ellos tuvieron que enfrentar con poca o ninguna experiencia. Es probable que con el paso del tiempo, no todos los recursos con los que superaron esas circunstancias provinieran de conocimientos adquiridos de forma consciente, sino de la repetición de un determinado comportamiento y de la huella del éxito o del fracaso de esa manera de actuar.

Me parece claro que los seres humanos primitivos aprendieron con base en prueba y error las consecuencias de sus actos que, a través de los años, se fueron quedando grabadas en sus mentes y de ahí, como otras características sujetas al proceso de evolución, fueron transmitidas a sus descendientes. De tal forma, que cuando una persona se encontró después ante una situación similar, ya no tuvo que pensar, sino que, de manera automática, reaccionó.

Creo que éste es el origen de los instintos y de otras conductas que no están sujetas al control de la voluntad. Pienso que todas las personas, sin lugar a dudas, hemos experimentado en alguna ocasión su inobjetable poder.

De entre todos, el más poderoso es el instinto de conservación.

Nada hay más valioso que la vida y resulta natural que si ésta se encuentra en una situación de riesgo, el instinto solamente se ocupe de conservarla, aunque esto implique herir el alma y dejarle huellas difíciles de borrar.

Esto que aparenta ser contradictorio, solamente reafirma su fortaleza pues a pesar de sufrir graves heridas, el alma sigue viviendo. A veces expresándose a través del cuerpo y en otros casos dividida entre lo que piensas, lo que sientes y lo que haces pero al fin y al cabo, viva.

Cuando apareció en la tierra, el ser humano tuvo mucha cercanía con los animales y aprendió cómo protegerse de ellos, además de utilizarlos para alimentarse y sobrevivir. Basta recordar todos los años en que los hombres fueron nómadas y su vida transcurría siguiendo a las grandes manadas en su migración constante en busca de pastos y agua, hasta que llegó el momento en que los seres humanos se detuvieron, se tornaron agricultores y aparecieron la propiedad privada, la acumulación de bienes y su intercambio.

Surgió entonces la necesidad de establecer nuevas reglas para permitir la convivencia pacífica en sociedad, de tal forma que siguió adelante el proceso de evolución en el que, por así decirlo, algunos instintos fueron domesticados y ciertas libertades, suprimidas.

Los seres humanos tuvimos que aprender a dejar de lado algunas de nuestras reacciones instintivas para poder vivir en grupo, con lo que continuó la lucha entre el instinto y la razón. Entre la mente y el cuerpo. Entre ser y hacer. Entre lo social y lo individual. Entre lo masculino y lo femenino. Entre lo natural y lo creado por el hombre.

De hecho, miles de años después, Platón da cuenta de esa disputa en forma poética cuando en su obra El Simposio dice que los seres humanos originales teníamos cuatro brazos, cuatro piernas y dos caras que miraban hacia lados opuestos. Los dioses se sintieron amenazados ante tanto poder a nuestra disposición y decidieron dividirnos por la mitad.

Parece que desde entonces, los seres humanos estamos tratando de encontrar lo que por el temor de los dioses nos fue arrancado pero si lo hallamos seremos forzados, en primer lugar, a aceptar todas esas características y dones que nos pertenecen y que hemos rechazado consciente e inconscientemente y en segundo lugar, a resolver la disyuntiva de ser quienes realmente somos o de seguir simulando, aún a costa de nuestra propia personalidad.

Con el desarrollo de las nuevas sociedades, las reglas y límites fueron haciéndose más diversos y específicos, pero los instintos permanecen intactos en el fondo del alma humana y están esperando la oportunidad de retomar el control.

De poco sirve la voluntad cuando un instinto se ha activado con toda su energía. Son estas fuerzas las que nos acercan a un pasado remoto y a nuestra verdadera naturaleza, en otras palabras, a nuestro ser original.

Cuando una persona decide ser quien realmente es, corre el riesgo de ser rechazado por los demás, pero si permanece siendo solamente lo que los otros quieren que sea, por fuerza tendrá que rechazar partes de sí misma.

A primera vista, parece que estuviésemos condenados pero cada quién, de acuerdo a su experiencia de vida, a sus recursos, a su propia personalidad (7) y de forma consciente o inconsciente, tratará de solucionar el conflicto, pues el ser humano conserva en lo más profundo de sí mismo, la imagen de lo que significa estar completo.

Nuestros padres, cuidadores, familiares y maestros, se han esforzado mucho en enseñarnos las reglas de convivencia de la sociedad en la que hemos nacido. Formas de pensar, de sentir, de expresar y de conducirse que debemos respetar, aún a sabiendas de que no se han tomado en consideración nuestros dones, aptitudes, gustos y anhelos.

Una de las soluciones más utilizadas para resolver el conflicto, es tener una máscara que muestra al mundo que nos rodea, y a nosotros mismos, lo que pretendemos ser.

Con mayor o menor esfuerzo, creamos una imagen que contiene las actitudes que han sido dictadas y premiadas por el grupo al que pertenecemos, pero como no siempre coincidimos con esa imagen, tras de la máscara ocultamos, como dice el Dr. Jung al hablar de la sombra (8), toda clase de pensamientos, sensaciones, deseos, sentimientos y actos de los que no estaríamos muy orgullosos si quedaran al descubierto.

Así las cosas, usar una máscara es simplemente parte del proceso de socialización al que debemos someternos y su objetivo es promover, tanto la comunicación como la convivencia armoniosa entre los miembros de un grupo.

Por esa razón, desde el punto de vista social es indispensable, pero desde el punto de vista individual puede resultar peligroso, sobre todo cuando una persona se acostumbra tanto a utilizarla que, por así decirlo, se olvida de quién es en realidad y funciona exclusivamente y en todos los ámbitos de su vida, con las actitudes que le dicta esa imagen.

En este caso, la máscara se convierte en algo negativo para la persona, pues elimina al ego que decide, más o menos libremente, qué actitudes le resultan convenientes en cada una de las situaciones de su existencia.

Cuando así ocurre, la máscara absorbe tanta energía psíquica que resulta cada vez más difícil dejar de actuar de acuerdo a sus propios dictados y cuando esto sucede, en lugar de ser un conjunto de actitudes que vinculan al ser humano con los demás miembros del grupo y de la sociedad en general, se convierte en una serie de actos automáticos que alejan cada vez más a la persona y la aíslan.

Lo peor es que la separan de sí misma, de sus emociones y de sus sentimientos, que permanecerán protegidos dentro de una armadura formada por el pensamiento racional y los mandatos relacionados con el deber ser.

Sin embargo, la armadura pesa y con el tiempo llega a cansar a quien, aún sin saberlo, la trae puesta y solamente descansa de ella a través de sus sueños o cuando su ego está distraído o concentrado en otros asuntos.

Al igual que sucede con los instintos, cuando las conductas se repiten una y otra vez ya no es necesario pensar en ellas puesto que en el cerebro se establece una ruta a la que se tiene acceso automático cada ocasión en que sean percibidas, una o varias de las características de una situación ya conocida de antemano a la que se responde de cierta manera.

Ahora bien, la física dice que a una determinada acción le corresponde una reacción con la misma fuerza y en sentido opuesto. Aquí parece existir una diferencia primordial entre la mente humana y esa teoría, pues en algunas ocasiones, las personas podemos responder a determinada situación con una fuerza muy superior a la que fue aplicada.

Ante ciertas actitudes, gestos, palabras, etcétera, los seres humanos reaccionamos con una cantidad de energía desmedida y las personas alrededor se pueden preguntar qué es lo que nos sucede pues lo ocurrido no implica, desde el punto de vista del sentido común, tal despliegue energético.

Lo que no muchos saben, es que en el inconsciente personal y en nuestro cuerpo se han quedado almacenadas todas las experiencias de vida en las que de alguna u otra manera nos hemos sentido heridos en situaciones similares, y la energía que debió ser descargada ha permanecido encerrada en nuestro interior.

Por esta razón, ante una situación aparentemente simple, se puede responder, por un lado, con toda la energía acumulada en nuestro inconsciente personal y por el otro lado, impulsados por las energías que surgen desde el inconsciente colectivo. Juntas, invaden la conciencia nulificando al ego y a la voluntad con tal fuerza que actuamos sin pensar. Hay un "otro" que nos obliga y al que no podemos detener

Así, nuestra respuesta se basará en la energía psíquica de un instinto reprimido que, como quiero mostrar, es la forma de actuar de algunos de los dioses y diosas de la mitología. Para lograrlo, explicaré la manera en la que Atenea vive, en la época actual, a través de una paciente.

A la diosa le he pedido permiso para hablar de su origen egipcio y de su vida griega, con el objeto de encontrar una explicación, un por qué. Además de permitirme mostrar la similitud entre sus conductas y las de los humanos que rechazamos lo que nos haría completos. Atenea, me lo concedió.

A mi paciente le he pedido permiso de contar parte de su historia personal y del proceso que vivió en el curso de la primera etapa de su tratamiento, con el objeto de descubrir un para qué y además, permitirme exponer el sufrimiento de su parte diosa. Mi paciente, también me lo concedió.

A las dos les pedí inspiración para que mi propuesta sea lo suficientemente clara y ambas me la concedieron. Por eso he podido participar activamente en el proceso y parte de mi propia historia ha sido incluida en el libro para dejar claro que, en el inconsciente de los hombres existe una energía femenina que también ha sido lastimada y acallada por el patriarcado.

La historia de Atenea puede ser conocida por algunos, pero la de mi paciente se las tengo que contar y empezaré por describirla físicamente pues tener una imagen visual es un gran apoyo.

Estoy consciente de que cada lector creará su versión individual y precisamente de eso se trata, de conectar las experiencias que todos los seres humanos compartimos, aunque cada quién lo haga tomando en consideración sus circunstancias particulares.

Mi paciente es una mujer de piel blanca pero bronceada por el sol, de cabello castaño cortado en capas, de facciones suaves y ojos tan grandes como profundos, de estatura y complexión medianas que servían como marco a una expresión facial llena de tristeza y dolor que junto a una sensualidad natural, la convertían en un verdadero misterio.

La había conocido varios años atrás mientras yo estudiaba una maestría en psicoterapia; fue un día en que me iban a asignar un caso como parte de mis prácticas clínicas.

Ella, que iba un semestre delante de mí, platicaba con otra alumna y al enterarse de que yo quedaría a cargo de uno de sus pacientes -al que ya había considerado transferir por sentirse amenazada con sus comentarios y actitudes de índole sexual- me sonrió de ese modo especial con el que muchas veces damos indicios los humanos, de la sorpresa o del lío que está a punto de comenzar para otra persona. Era un caso difícil.

Leah, nombre que daré a la protagonista humana de esta historia, se despidió de mí y no la volví a ver sino hasta después de un año, cuando en una reunión de fin de cursos de nuestra escuela se acercó y me dijo que le gustaría que nos reuniéramos en los próximos días para consultarme algo. Acordamos comer en un restaurante y a media semana nos encontramos.

Ya sentados, me platicó la difícil situación que estaba viviendo tanto emocional como económicamente. Había renunciado a su trabajo y durante varios meses estuvo utilizando el dinero de sus ahorros pero ahora ya estaba considerando, inclusive, volver a casa de sus padres.

Me contó que tenía en terapia a tres pacientes y los veía semanalmente, pero que esos ingresos apenas le alcanzaban para sobrevivir. En un momento de la conversación dijo algo que me confundió: ¡Estoy dispuesta a todo con tal de conseguir dinero! Por un momento, lo tomé como una insinuación, pero con algunos esfuerzos hice oídos sordos y seguimos hablando.

Comentó después, que un amigo muy querido por ella la había invitado a viajar a Israel con todos los gastos pagados. Con un poco de malicia le pregunté si tendría que dar algo a cambio y sonriendo me contestó que no, que en realidad eran solamente muy amigos.

Terminamos de comer, nos tomamos un café y quedamos en que ella me llamaría cuando volviera de su viaje.

Pasaron casi tres meses y una tarde, al terminar mi sesión con una pareja, ví parpadear la señal luminosa del teléfono avisándome de la existencia de un nuevo mensaje. Apreté el botón y me sorprendió escuchar la voz de Leah. Casi me había olvidado de nuestra plática. Le devolví la llamada y nuevamente nos reunimos para comer en un restaurante que ella escogió por estar cerca tanto de mi consultorio como de su trabajo y cuya cercanía con cierto edificio, trajo a mi memoria una mezcla de recuerdos, algunos agradables.

Nos vimos y platicamos un poco de su viaje y de su nuevo empleo. Me contó que tenía una prima que estaba laborando en una compañía farmacéutica y que gracias a ella, había encontrado un trabajo de oficina que le estaba permitiendo comenzar a solventar sus propios gastos y pagar sus deudas. Estaba realmente preocupada.

Cuando el tiempo disponible para la comida estaba llegando a su fin, me dijo que estaba interesada en iniciar un proceso de terapia conmigo. Como en realidad no habíamos sido compañeros ni teníamos una relación de amistad, acepté. Quedamos de vernos en mi consultorio una semana después.

Capítulo uno

Eran casi las seis de la tarde de un día de verano como muchos otros, el sol comenzaba a declinar y a través de las ventanas del consultorio sus rayos proyectaban sobre la pared las sombras de algunos árboles cercanos. El clima era cálido y la brisa apenas corría. Se podían escuchar los cantos de algunos pájaros dándole la bienvenida al incipiente ocaso y a la vez, se oía el ruido de los autos circulando por la calle que da a la parte trasera del edificio. Sonó el timbre a las seis en punto y contesté: era Leah.

Como por seguridad está desconectado el dispositivo que abre desde los departamentos la puerta principal, bajé los dos pisos que separan mi consultorio de la planta baja y la observé a través de las puertas de cristal mientras del manojo de llaves escogía la segunda, la plateada, y le abrí a la vez que la saludaba.

Ella vestía un conjunto de pantalón y saco de color blanco que contrastaba con su tez bronceada. Le pedí que subiera mientras cerraba, de nuevo con llave, la entrada.

Ya en el consultorio, se sentó en el lado izquierdo del sofá que se encuentra frente a mi silla. Cada persona escoge de forma inconsciente en dónde sentarse y aunque se puede especular acerca de ello, rara vez lo hacen en el centro.

Después de los comentarios iniciales con los que, al igual que en otras situaciones estresantes, se procura romper el hielo y permitir que la inseguridad, el miedo, la angustia y otros sentimientos encuentren un sitio en el cual acomodarse y estén dispuestos a participar en el proceso, comenzamos a platicar.

Leah comenzó por decirme, con una voz apenas audible, que estaba preocupada por sentirse muy triste, cansada, sin energía y además sumergida de lleno en un estado al que llamó desidia. Le pedí que me contara un poco más y me dijo que aunque trabajar era muy importante, pues apenas estaba comenzando a poder sufragar sus gastos y comenzando a reorganizar su vida y sus deudas, le costaba mucho esfuerzo levantarse y comenzar el día.

En especial, le llamaba mucho la atención que posponía con demasiada frecuencia llevar a cabo ciertas labores, principalmente los encargos que le hacía la directora de la empresa y a pesar de estar consciente de que podría meterse en problemas, no podía evitar dejarlos pendientes hasta que llegaba el último momento y entonces, tenía que dedicar mucho tiempo fuera de sus horarios de trabajo para cumplir, al final de cuentas, con lo que podía haber hecho desde antes.

Comenzamos entonces a explorar las posibles causas con los temas de poder, falta de compromiso y desquite indirecto.

Le propuse a Leah reflexionar sobre la posibilidad de que estuviera atrapada en un juego tan peculiar que solamente ella salía perdiendo puesto que, aunque le resultara difícil o molesto, tenía que realizar la encomienda de su jefa en tiempos que deberían ser dedicados a su descanso o diversión.

Leah comentó que era como "olvidarse por un rato". Le pregunté entonces si ella lo disfrutaba y su respuesta fue negativa. Proseguí diciendo ¿Es acaso muy difícil lo que tienes que hacer?:

-Bueno, lo que pasa es que el hecho de que me haga encargos aún siendo nueva en la empresa, significa que confía en mí y aunque algunas veces no sé bien cómo realizar su petición, el lado agradable es que me motiva y así me muevo y trato de averiguar con alguien más qué es lo que tengo que hacer. En varias ocasiones me ha costado mucho esfuerzo, incluso horas en vela por la preocupación.

Con ese tipo de actitudes, me pareció difícil que fuese una mujer poco comprometida y entonces comencé a preguntarme cuál sería el motivo inconsciente que la impulsaba en un primer momento a practicar la desidia y después a esforzarse, con tanto afán, por cumplir con las peticiones de su jefa.

Mi siguiente pregunta fue si esa actitud de dejar pasar el tiempo y hacer todo hasta el final le era más o menos conocida y después de unos momentos de reflexión me dijo que sí, que hacía eso cuando estaba muy enojada y no podía decir nada.

Al escuchar a Leah llegaron a mi mente, de manera fugaz, las escenas de tres situaciones en las que yo experimenté sentimientos de coraje, frustración e impotencia y, como ella, no dije nada.

La primera que vino a mi mente fue una ocasión en la que no era más que un joven de dieciséis años al que le había robado el corazón una angelical muchacha de cabello rubio y ojos verdes, vecina de unos amigos. Todos ellos con una posición económica superior a la de mi familia.

Una noche, reunido con varios amigos en un café, llegó a mis oídos que se le había perdido su perrita y estaba inconsolablemente triste.

A la mañana siguiente, el cielo estaba gris y el viento que arrastra y levanta la arena desde la playa, golpeaba la cara de quienes caminábamos por la calle en esa ciudad costera.

Llegué hasta la esquina de un parque en que hacía parada el camión y lo abordé lleno de ilusiones y con la esperanza de ser yo quien encontrara al animalito y le devolviera la sonrisa y la felicidad a su dueña. En mi mente, eso me daría una oportunidad con ella.

Eran aproximadamente las nueve de la mañana. Llegué muy cerca de su casa y me bajé del camión -cuando éste todavía se encontraba en movimiento- con una pequeña carrera, señal inequívoca de un joven que utiliza ese medio de transporte cotidianamente.

Sin perder un solo minuto, comencé a recorrer las calles. Iba con los ojos bien abiertos y en completo silencio, pensando en lo que contestaría si me encontraba por ahí con alguno de mis amigos pues, definitivamente, no eran mis rumbos habituales. Tenía la certeza de que si se enteraban de la verdad, se burlarían.

Caminé por varias horas hasta que fui perdiendo la esperanza y cerca de las dos de la tarde tomé el camión de regreso hacia mi casa. Jamás comenté con nadie el fracaso de esta aventura y por supuesto que no tuve el valor de confesar mis sentimientos de amor a quien motivó toda esa caminata. Tampoco confesé ni mi enojo ni mi frustración a mí mismo.

Recordé también la vez aquélla en que tuve que desobedecer a un agente de tránsito que me impedía el paso hacia mi casa. Sí lo hice y el motivo era que había rescatado a mi hermana, junto con unos amigos, de una situación llena de peligro y pretendía llevarla junto a mi madre. Sin embargo, ésta no me creyó lo que le decía y sí prestó atención a la versión de los agentes. El caso es que llamó por teléfono a mi padre -que vivía en otra ciudad por cuestiones de trabajo- y recibí un regaño fuerte e injusto. Todo me tragué.

En la tercera situación, recuerdo estar en una tardeada de esas que se organizaban los sábados, en un salón de fiestas situado frente a un antiguo fuerte que recordaba las invasiones de los piratas y la defensa de la ciudad.

A tales reuniones, acudíamos los jóvenes a bailar y tomar refrescos. Las muchachas acudían acompañadas de sus madres que, un tanto alejadas, platicaban entre ellas mientras que los demás también nos divertíamos.

Pues bien, invité a bailar a una hermosa muchacha y ella aceptó. En esos tiempos, se bailaban tandas de cuatro o cinco canciones y al terminar cada canción las parejas permanecían en la pista platicando hasta que los músicos tocaban de nuevo.

Esa tarde, al terminar la primera canción, no solté la mano de mi acompañante y ella tampoco soltó la mía, lo que significaba que le era agradable estar conmigo. Nos miramos y sonreímos.

Mi mente trabajaba a marchas forzadas para elegir un tema de plática interesante, pero de mi boca no salió ni una sola palabra.

La tanda terminó, la acompañé a su asiento y no me volví a acercar a ella ni en esa fiesta ni en otras ocasiones en las que nos volvimos a encontrar. Nadie se enteró de lo sucedido, ni del enojo que guardé para conmigo.

Después de estos instantes en los que la herida de Leah hizo contacto con mis propias heridas, le pregunté si ella estaba consciente de lo que su cuerpo sentía al estar frente a la directora. Me contestó que las sensaciones más fuertes eran un vacío en el estómago y un dolor en su pecho que, cuando su jefa la descalificaba, se convertían en unas inmensas ganas de llorar que, por supuesto, suprimía.

Como pienso que los seres humanos podemos compartir las mismas sensaciones ante situaciones similares, le pregunté si ella estaba consciente de otras partes de su cuerpo, tal vez de sus manos y de su garganta, en esos momentos en los que no podía decir nada.

Leah se quedó pensando y respondió -un tanto sorprendida- que su corazón se encogía por el mero hecho de pensar que tendría que ver a la directora y que cuando ésta la comenzaba a reprender injustamente, sus manos sudaban y sentía como si la garganta se le cerrara.

Le pedí que describiera con más detalle ésta última sensación y respondió diciendo:

-¡Se siente como un aro caliente alrededor de la garganta! Un nudo que detiene algo. ¡Pero no sé qué es!

Sus ojos estaban llenos de lágrimas y su rostro expresaba un gran dolor.

Le pregunté entonces con qué estaba haciendo contacto y me contó que le vino a la mente una escena que se repitió muchas veces en su vida:

-¡Recuerdo claramente cómo mi mamá me obligaba a realizar determinadas tareas domésticas, lo que no tendría nada de extraño si no hubiese sido porque para mí se volvía un tormento ver que mientras yo lavaba los platos y limpiaba la cocina, mi hermana menor estaba cómodamente instalada en el sillón de la sala arreglándose las uñas! Cuando yo le reclamaba a mi mamá y le preguntaba por qué a mi hermana no la obligaba también, simplemente respondía que yo ya sabía como era Roxana. ¡Guardé mucho enojo dentro de mí!

Le dije entonces que es muy difícil y doloroso experimentar la sensación de ser invisible a los ojos de los demás. Es todavía más doloroso si te sucede con las personas a las que más quieres y más te importan. Pero lo peor, es cuando uno comienza a tener la conciencia de ser transparente a sus propios ojos y después, como todos los actos repetitivos, esa conciencia también se pierde de nuestra vista a medida que desciende hacia el inconsciente.

Cuando por una o varias razones los niños no tenemos la guía o el reflejo de alguien que nos explique lo que está pasando en nuestro cuerpo, el cual solamente se comunica a través de sensaciones, resultará muy difícil expresar con palabras lo que estamos sintiendo.

Si alguien nos pregunta, tal vez podremos decir que nuestro cuerpo tiembla, que nuestras manos sudan, que hay como un hueco en el estómago, pero eso nada más describe y no explica. Es indispensable que una persona nos comprenda y nos diga que eso que nuestro cuerpo está experimentando se llama miedo, angustia, alegría, etcétera.

Como el tiempo de la sesión terminaba, aproveché los últimos minutos para decirle que a mí me gustaría acompañarla en un proceso terapéutico y que a ella le tocaba decidir si continuábamos o no.

Me dijo que sí le interesaba y entonces nos pusimos de acuerdo acerca de la frecuencia de las sesiones, de mis honorarios y de otras reglas con las que se construye un contenedor terapéutico (9) en el que se puedan cocinar los ingredientes emocionales y, con el tiempo, ocurra la transformación.

Después, la acompañé a la salida y de regreso a mi consultorio me descubrí pensando que es increíble como el cuerpo comunica, si ponemos atención, mucho de lo que nos sucede.

Existe un antiguo lenguaje que sin palabras describe la manera en la que nuestras defensas están actuando y, además, nos deja ver el origen de nuestras heridas.

El cuello, por ejemplo, es el sitio en el que físicamente se unen y a la vez se separan, la cabeza y el resto del cuerpo. Es una frontera, una especie de aduana en la que todo aquello que sea percibido como amenazante por nuestro ego, será reprimido sin intervención de nuestra voluntad.

El cuello representa, simbólicamente, el conducto por el que se comunican las sensaciones corporales con los pensamientos y de ese viaje entre lo que nuestro cuerpo percibe y las memorias que son activadas por esa corriente energética, surgen los sentimientos.

Cuando por una o varias razones, el camino hacia arriba de las emociones rumbo a la mente está bloqueado, las personas ni siquiera sabemos qué es lo que nuestro cuerpo está sintiendo.

Por otro lado, cuando las emociones si pudieron llegar a nuestra mente y al unirse con los recuerdos se convirtieron en sentimientos que no pueden ser expresados, la sensación corporal que se experimenta, aunque no la única, es un nudo en la garganta, un anillo de fuego que nos quema tanto que el propio cuerpo trata de apagarlo con lágrimas.

Otro ejemplo es el estómago. Si el alimento es escaso o inadecuado, el estómago comienza a sufrir los efectos de los ácidos que corroen sus paredes. Si el alimento es demasiado, el estómago también se enferma, pues no tiene tiempo de digerir tanta comida. Por eso, nuestro estómago es un espejo en el que, por un lado, se refleja la manera en que digerimos o no nuestras emociones y, por otro lado, nos indica si estamos recibiendo suficiente alimento emocional o si éste es escaso.

Un ejemplo más es el pecho. En él se sitúan los pulmones y nuestro corazón. Los pulmones son el receptáculo del aire que ingresa al cuerpo y, simbólicamente, representan el sitio en el que aceptamos o rechazamos lo que no se ve, pero resulta vital para nuestro bienestar.

En los pulmones se realiza el intercambio de lo que nos llena de vida y llega a todo nuestro cuerpo, a través de la sangre. Pero también es el sitio en el que se acumula y expulsa al exterior, aquello que ya dejó de ser útil y benéfico. Hay sustancias que si permanecen mucho tiempo dentro de nosotros, pueden llegar a envenenarnos.

El corazón, por su parte, es el sitio en el que se guarda lo más valioso de nuestro ser, lo más tierno y delicado. También guarda el corazón nuestros mejores y peores sentimientos, además de la llave del amor.

Capítulo dos

La familia de Leah está formada por su padre, que es ingeniero mecánico; su madre, que se dedica al hogar y tres hermanos: Eduardo, el mayor, luego ella y la más pequeña es Roxana.

En la actualidad Eduardo está casado, tiene dos hijos y vive en otra ciudad con su familia. Roxana también está casada y vive en la misma ciudad que Leah, aunque no por ello se reúnen con mucha frecuencia.

Cuando eran pequeños, vivían en una casa al fondo de un terreno amplio y en la parte del frente su padre había construido un taller en el que trabajaba todos los días.

Aunque no eran una familia rica, sí podían vivir sin preocupaciones económicas. Los tres hermanos acudieron a escuelas privadas y tanto Leah como su hermana, estudiaron la secundaria y la preparatoria en una escuela particular bastante prestigiosa.

De pronto sonó el timbre del consultorio, lo que me obligó a salir del sitio en el que estaba con mis pensamientos: era Leah. Comencé la rutina de bajar las escaleras para abrir. Al llegar al consultorio y después de tomar cada quien su sitio, comenzó la sesión.

Leah lucía muy triste y lo primero que hice fue preguntarle cómo le había ido desde la última vez que nos habíamos visto. Ella contestó que las cosas en su trabajo parecían ir mejorando, que le habían encargado atender unos asuntos importantes y que tal vez saldría de viaje los próximos días. Estaba tratando de sonreír.

Me contó, también, que había salido con unas amigas el fin de semana y que se sentía más entusiasmada.

-Leah, tu semblante no coincide con lo que me platicas y si bien es cierto que me puedo equivocar, tu rostro me dice que estás triste. ¿Qué está sucediendo?

Me contestó que seguía sintiéndose muy cansada, que no dormía bien y que con tantas cosas por hacer estaba preocupada, pues no sabía si tendría la energía suficiente.

-¿Es importante para ti que yo no me dé cuenta de tu estado anímico?

-No me gusta mucho que los demás perciban bien lo que sucede en mi interior.

Le dije que apreciaba mucho su sinceridad y que sería muy importante que ella pudiese decirme cualquier idea y sentimiento que pudieran surgir en su mente, ya sea durante la hora de la terapia o en el tiempo que transcurría entre una sesión y otra. Asintió.

Le pedí que me contara más acerca de su familia:

-Mi padre, como ya te dije, es ingeniero mecánico y un buen hombre; siempre ha sido tranquilo, afable y no demasiado activo. A veces pienso que le faltó aspirar a más.

El estaba pendiente de nosotros tres, pero en ocasiones nos cargaba con mucha responsabilidad por el bienestar de mamá. Ella, desde que yo recuerdo, ha estado deprimida y era común que pasara acostada en la cama días enteros. Entonces mi padre nos decía: ¡Tienen que ser buenos niños y portarse bien! ¡No pueden hacer nada que disguste a su mamá! ¡No hagan ruido ni estén corriendo o gritando! ¡Si no la cuidan su mamá morirá! Por eso es que mi niñez no fue demasiado feliz y aunque mi madre no se murió, dentro de mí sí murió algo. No sé qué, pero siento un gran vacío.

Aprendí que para proteger la vida de alguien tan importante como mi mamá, debía dejar de hacer lo que a todos los niños les gusta. Tuve, que abandonar mis intereses naturales por jugar, correr, gritar y hacer travesuras pero ese sacrificio me salvaba de sentir angustia y la terrible culpa de ser la causante de su muerte.

Con el paso del tiempo la situación se fue transformando y percibí que mi madre ni se moriría ni saldría de su estado depresivo, pero lo que no pude evitar fue que siguiera teniendo un inmenso poder sobre mí a través de sus chantajes. Lo que me enseñó, difícilmente lo puedo olvidar.

Con estas palabras, Leah describe lo que le sucede a los niños que no han sido lo suficientemente atendidos por sus padres o por sus cuidadores y que, además, han sido hechos responsables de proporcionar lo que les tocaría recibir: cuidado, atención, cariño, protección y seguridad entre otras cosas.

Cuando este tipo de cargas emocionales son colocadas sobre las espaldas de los niños en una familia, siempre habrá alguno de ellos al que le resultará más pesada, esto le ocurre generalmente al hijo más sensible cuando no al mayor.

Al nacer, venimos a este mundo con una gran cantidad de información en estado latente que se activa con la presencia y las actitudes de las personas que nos rodean y con otros estímulos del medio ambiente.

Si la forma de reaccionar de las personas en el mundo externo, si sus actos y sus respuestas no coinciden con la información que todos los niños traemos almacenada en el interior, entonces surge un conflicto que se resuelve de manera dolorosa, pues el niño es quien se hace responsable y se culpa por la desviación de las conductas de las personas importantes a su alrededor.

Tal vez esta sea la primera ocasión en la que un ser humano sienta culpa y al tomar la responsabilidad por lo que hacen los demás, se olvide de quién es para complacer a los otros, conservando así su oportunidad de sobrevivir.

Así las cosas y sin tener la conciencia de lo que ocurre en su interior, los niños son atados por hilos invisibles que los obligan a comportarse de una manera que, por así decirlo, los aleja de su naturaleza.

Como Leah gracias a su tipo psicológico (10) tiene muy desarrollada la capacidad para imaginar lugares, situaciones y escenas, le propuse que la utilizáramos para conocer algunas imágenes que, tanto espontánea como simbólicamente, representaran la relación entre ella y su madre. Ella aceptó de buena gana.

Le pedí, entonces, que buscara la posición en la que se sintiera en verdad muy cómoda en el sillón. Le sugerí que cerrara los ojos y dejara que las ideas y pensamientos que pudieran surgir, rondaran por ahí sin tratar de modificarlos. Le dije que una de las maneras más simples de hacerlo es concentrarse en la respiración, poniendo toda la atención en sentir cómo el aire va entrando a través de la nariz y se introduce en los pulmones haciendo que el pecho se mueva.

También sugerí que tal vez ella podría permitir que el aire llegara hasta su estómago, imaginando que en su cintura hubiese un pequeño objeto muy agradable que subía y bajaba al mismo ritmo que su respiración y que, si le parecía una buena idea se relajara, aunque ello no era un requisito indispensable.

Después de uno o dos minutos de respiración, le dije a Leah que al estar así, justo así como ella estaba, había personas que comenzaban a percibir imágenes.

Le explique además, que para otras personas era más fácil percibir sensaciones en su cuerpo, que también había quienes percibían pensamientos e ideas, recuerdos, olores, sabores y aún quienes escuchaban alguna canción. Ella sabía que todo esto es completamente normal y así fue todavía más sencillo.

-Si quieres hacerlo, puedes decirme lo que estás percibiendo.

-Me siento nerviosa y angustiada.

-¿Cuáles son las sensaciones en tu cuerpo que te indican que estás sintiendo angustia?

-Mi corazón está latiendo con más fuerza y frecuencia. Mis manos comienzan a sudar y siento mucha tensión en la parte posterior del cuello y los hombros.

Le pedí que dejara que su respiración hiciera el trabajo que más le gusta, esto es, poner todo en su lugar y quitar obstáculos que pueden estar bloqueando el flujo de energía. Le sugerí que, si estaba de acuerdo, aprovechara la oportunidad para percibir alguna otra cosa que estuviese ocurriendo en su interior.

Poco después me dijo que la tensión había desaparecido y que estaba muy tranquila. Entonces le dije que se diera permiso de esperar a que las respuestas, a través de imágenes o de sensaciones corporales surgieran espontáneamente de su interior y al cabo de un rato le pregunté:

-¿Qué es lo que está sucediendo?

Después de unos momentos respondió:

-Me veo como una niña de tres o cuatro años, tengo un vestido que recuerdo con claridad, pero no me puedo mover, hay muchos listones que me están sujetando al piso.

Le dije que siguiera con esa imagen y que simplemente percibiera la forma en que esa inmensa sabiduría que vive en lo más profundo de su alma, utilizaría la respiración para transformar cualquier cosa que fuese necesario para liberarla.

Pasaron unos instantes y me dijo que los listones comenzaban a desaparecer y que poco a poco se podía mover.

Le pregunté si había alguna sensación o alguna otra imagen y me dijo que no.

Entonces le pedí que tomara en cuenta que esa liberación seguiría llevándose a cabo constantemente. Después le solicité que guardara en su memoria todas las sensaciones agradables que hubiese experimentado y que muy lentamente abriera sus ojos.

Leah siguió las instrucciones y sonrió:

-¡Esta ha sido una experiencia muy bonita, realmente sentí que los listones que me sujetan se desvanecían y me podía mover!

Así terminamos la sesión.

Capítulo tres

Leah terminó sus estudios profesionales en sociología, carrera a la que se dedicó con éxito durante varios años, durante los cuáles, además de cursar una maestría en administración y otra en psicoterapia, puso su propio despacho de consultoría en recursos humanos.

En ese tiempo, conoció a un hombre con el que pocos meses después contrajo matrimonio. Esa relación duró en buenos términos más de dos años, hasta que ella supo que su marido tenía algo más que amistad con una compañera de trabajo.

Se refería al tema de la siguiente manera:

-Me habían llegado ciertos chismes y no les había prestado mucha atención, pero un día se me ocurrió ir por él a su trabajo y estando justo frente a su oficina esperando que saliera, sonó mi teléfono celular y mi esposo me dijo que saldría más tarde pues había surgido una junta de última hora con el gerente.

No le dije que lo estaba esperando ahí afuera y cuál fue mi asombro cuando, aún hablando conmigo, lo veo salir acompañado de una mujer a la que tomaba de la mano.

Por un momento tuve la intención de bajarme del auto y encararlo, pero no pude hacerlo. Había algo que me detenía y decidí irme a nuestra casa. Manejé sin darme cuenta y de pronto, ya había llegado. Estacioné el carro y me bajé.

Todo era confusión y de mis ojos no salía una sola lágrima. Aturdida, subí al elevador y sin poder siquiera apretar el botón permanecí un largo rato hasta que otro inquilino entró. No éramos amigos, pero de inmediato me preguntó si me ocurría algo. Sí, le dije: ¡Es que me duele mucho la cabeza!

Afortunadamente, se bajó en el piso dos y así puede continuar sola hasta el cuarto piso en el que yo vivía con mi esposo. Abrí la puerta y me dirigí al teléfono. Marqué el número de casa de mi tía Conchita, necesitaba contarle a alguien cercano lo que me había ocurrido y esperaba comprensión y apoyo. ¡Grave equivocación!

Mi tía me contestó y después de escucharme me dijo que los hombres son así, que ser infieles es parte de su naturaleza y que lo que debería importarme era cuidar y conservar mi matrimonio. Aunque ya la conocía, su comentario terminó por desmoralizarme.

-¿Qué no se te ocurrió hablarle a tus padres?

-Sí, pero al instante supe que no podía hacerlo pues si les decía lo que me estaba sucediendo, iban a sufrir y para mí es muy importante que eso no ocurra.

-¿Mantuviste en secreto tu situación?

-Sí, por un tiempo solamente mi tía lo supo y le pedí que no dijera nada a nadie.

Después de algunas semanas, aprovechando que mi esposo estaría fuera de la ciudad unos días hablé con papá y mamá, pero no les dije la verdad, sino tan sólo que teníamos serios problemas y que me quedaría con ellos hasta que él regresara.

Mi papá me preguntó cómo estaba yo y le contesté que bien, que podía manejar la situación aunque, por dentro, estaba verdaderamente desecha. Yo sabía que si ellos me veían fuerte y segura, no se preocuparían.

Por otro lado, el hecho de que solamente mi tía y yo supiéramos la verdad, me quitaba la presión de confrontar a mi esposo y eso, era un gran alivio.

Esto no significa que me quedé con los brazos cruzados, significa que por varios meses sin ser clara, sin contarle que lo había visto con otra mujer y sin darle ninguna explicación, me fui alejando tanto física como emocionalmente de él hasta que terminamos por separarnos y después de tres años finalmente me divorcié. Esa es la manera en la que usualmente soluciono las cosas.

-¿Las solucionas, Leah? ¿Qué pensarías si te digo que en realidad las pospones y con ello obtienes, al menos temporalmente, esa sensación de omnipotencia de los niños que se duermen cuando ocurre algo desagradable?

Ella se quedó reflexionando y aproveché esos momentos para explicarle que cuando de pequeño se viven situaciones traumáticas, tal parece que un pedazo del alma no crece y sigue siendo infantil.

Cuando una persona se encuentra en la vida con un obstáculo insuperable, la energía psíquica (11) regresa hacia el pasado para buscar una solución. Si ésta existe y simplemente la habíamos olvidado, entonces al recordarla se puede superar el obstáculo, si no, entonces la energía retrocede todavía más hasta un punto anterior de adaptación.

A este movimiento de la energía psíquica se le conoce como regresión (12) y de ahí surgen los comportamientos infantiles que en ocasiones nos dominan.

-Leah, es muy posible que tus experiencias dolorosas hayan comenzado a los dos o tres años. ¿Recuerdas la imagen que tuviste durante el ejercicio? Había unos listones que te estaban deteniendo y te impedían moverte.

Quiero decirte que cuando se es mayor y nuestro desarrollo intelectual está mucho más avanzado, callar es una forma de esconderse, de ocultarse y este comportamiento surge, generalmente, cuando estamos avergonzados.

La vergüenza es uno de los sentimientos más dolorosos ya que es una forma de auto-rechazo a quienes somos. Si en nuestra familia había descalificaciones, burlas y, además, no eran aceptadas las expresiones de enojo nos callábamos pero, más aún, al cabo de un tiempo llegamos a sentir vergüenza de nosotros mismos nada más por haberlo sentido.

Le dije también que una pequeñita no tiene posibilidades de expresarse completamente pues, ni tiene el repertorio lingüístico, ni la capacidad de discernir por completo lo que está percibiendo, principalmente, a través de sensaciones corporales.

Insisto, en ello radica la importancia de que exista una persona que le ayude a esclarecer las emociones que su cuerpo está experimentando y las pueda nombrar. De esta forma, una emoción se convierte en un sentimiento.

Cuando esto no sucede, surge una sensación de inseguridad muy difícil de superar y lo que generalmente ocurre es que los niños comienzan a utilizar su imaginación para dar respuesta a todo aquello que no les ha sido contestado o explicado por un adulto. Así comienza el desarrollo de pensamientos mágicos.

Esta forma de actuar se puede convertir, con el tiempo, en egocentrismo y al crecer la persona muy pocas veces será confirmada la realidad por el cuestionamiento. Más bien, intentará acomodar las cosas de tal manera que coincidan con su pensamiento o con la explicación que le da a cierta situación.

-Creo, Leah, que estás acostumbrada a imaginar causas y resultados de muchas situaciones de tu vida, tanto de las que tienen que ver con tu interior como las que se relacionan con otras personas y con el exterior.

Esta actitud, aunque tiene la aparente ventaja de proporcionarte una sensación de seguridad, ésta es provisional y cuando das por hecho que la realidad es tal cómo tú la imaginas es probable que comiences a actuar de acuerdo a tu visión y los resultados que obtengas no sean los que tú deseas pues, la mayoría de las veces, la realidad es diferente a lo que te habías imaginado.

Como consecuencia, no dudaría que la inseguridad, la frustración, el enojo y la impotencia, ya formasen parte de tu experiencia cotidiana.

Después de esos comentarios, le pedí que cerrara los ojos, que se tomara un poco de tiempo sin forzarse a pensar en nada y que permitiera que su inconsciente le diera alguna pista. Enseguida le pregunté:

-¿Esa actitud de tu jefa, se parece a la de alguien más que tú conozcas y que sea muy importante para ti?

Las lágrimas que habían estado esperando un momento oportuno para salir de su escondite, aparecieron en abundancia y mojaron sus mejillas. Una de las heridas de Leah había sido tocada y apareció un profundo dolor. Con voz entrecortada me dijo:

-¡Así es como actuaba mi madre! ¡Así es como yo actuaba con ella! ¡Siempre estuve esperando su reconocimiento por mis esfuerzos y ella sólo me exigía más!

Pasaron unos minutos y Leah fue recuperando poco a poco la calma.

Después, ya más tranquila, me dijo que se recordaba a sí misma durante la educación primaria como una excelente estudiante, siempre deseosa de participar en las actividades de su escuela, tanto las académicas como las deportivas y culturales.

Acudió a varios encuentros interescolares y en ellos obtuvo resultados destacados en las competencias, pero también recuerda que poco a poco su ánimo fue decayendo a medida que nadie de la familia —y cuando habla de este tema sus ojos se llenan de lágrimas- asistía a verla y, en cambio, podía ver que sus compañeros contaban con el apoyo y la presencia de sus padres, hermanos y otros familiares.

En una ocasión, me dijo: "¡Yo deseaba tanto que mis padres estuvieran conmigo! ¡Me esforzaba tanto para recibir un reconocimiento o un halago de su parte! Pero sus repetidas ausencias en momentos importantes como las entregas de diplomas o de premios por rendimiento deportivo, fueron mermando mi entusiasmo y, aunque te parezca raro o desatinado, comencé a intentar nuevas formas de llamar su atención, hasta que lo que logré actuando de manera irresponsable, poco participativa y rebelde. Así, por fin se fijaron en mí".

Le pregunté si quería platicarme su experiencia más terrible en cuanto a sentirse rechazada o humillada en esa época y me relató lo siguiente:

-Mi hermana y yo habíamos dejado de ser buenas estudiantes, todos los meses nuestras boletas mostraban calificaciones de reprobación en tres o cuatro materias. En una de esas ocasiones, nos habían invitado a una fiesta a la que nadie quería faltar, pero yo sabía que con esas notas no teníamos ninguna posibilidad de obtener el permiso de nuestros padres. Lo que hice fue borrar con mucho cuidado las calificaciones y las materias reprobadas de ese mes desaparecieron en un instante.

Por supuesto que nos dieron permiso de ir a la fiesta y recibimos, además, una felicitación de papá y mamá quienes nos dijeron que ese era el camino. Mi hermana y yo nos divertimos mucho.

El domingo por la mañana borré las calificaciones falsas de las boletas con la intención de poner de nuevo los números reales, pero ya no me fue posible hacerlo sin que el papel se rompiera. En ese momento comenzaron mi angustia y mi sufrimiento, pues me di cuenta de que se notaría la rotura y lo que había hecho quedaría al descubierto.

El lunes llegué a la escuela y entregué por la ventanilla las boletas, quise irme rápidamente, pero la encargada se dio cuenta de inmediato y me impidió retirarme. Llamó a mi profesora titular y me llevaron frente a la directora quien después de reprenderme me dijo que tendría que llevar a mis padres al siguiente día.

Eran las siete de la mañana y estábamos entrando a la escuela mi padre, mi madre y yo. No había podido dormir y me sentía completamente atrapada y sin posibilidades de hacer nada, ya no había escapatoria.

Llegamos a la oficina de la directora y me sentaron en un banquito. Frente a mí, se acomodaron mis maestras y maestros, la profesora titular, la directora de la escuela y mis padres. Me dijeron que sería expulsada pues lo que había hecho merecía un castigo ejemplar. Uno de los maestros me dijo algo que me marcaría para siempre. Sus palabras fueron: ¡Eres una vergüenza! ¡Una desgracia para tu familia y un peligro para la sociedad!

Leah añadió: "Mis padres tuvieron una amplia conversación con las autoridades escolares y me permitieron terminar el año. Después, tuve que cambiar de escuela y no volví a ver a mis compañeras. Nunca volvimos a tocar ese tema en mi casa".

Nuevamente, la experiencia de Leah hizo contacto con parte de mi propio pasado pues recuerdo con claridad que, durante casi un año y en una época en la que me encontraba muy desorientado, también alteré algunas boletas.

Mi justificación era tener mejores relaciones con mis padres, lograr que ellos se sintieran tranquilos y orgullosos de mí para poder obtener sus reconocimientos y su apoyo para seguir adelante. Lo que ellos no sabían era que los estaba engañando igual que a mí mismo y que el dinero que me daban para las colegiaturas, estaba siendo utilizado para ser el riquillo de la banda.

Dentro de mí estaba claro lo inadecuado de mis actos, pero los justificaba con cualquier pretexto y con un poco de esfuerzo los podía olvidar. Terminaba por creer que lo falso era verdadero. A estas alturas ya había comenzado a vivir una vida doble y como también se aprecia con claridad, utilizaba constantemente el pensamiento mágico que mencioné con anterioridad.

Es muy probable que el engaño y la mentira para lograr sacar ventaja sea una experiencia común al ser humano, así como también lo es recibir la crítica y el enjuiciamiento por actuar de esa manera, pero lo que hemos hecho se paga con el sufrimiento y la vergüenza de ser descubiertos por otros, aunque ya lo hayamos ocultado de nosotros mismos.

La mente construye un espejo en el que, por un lado, me puedo ver en los actos de los demás pero que, por el otro lado, es un escudo que me protege del profundo dolor de conocerme a mí mismo. Así, la amenaza de ser rechazado es provisionalmente eliminada.

Las expectativas que la gente tiene de nosotros son, en ciertos casos, una pesada carga. Aceptar que no somos esos que se supone deberíamos ser, nos puede enfrentar a la vergüenza. Para evitarla, surge de nuevo la fantasía en la que llevamos a cabo todas las acciones que nos aseguran que somos buenos y dignos de ser amados hasta que un día...

Capítulo cuatro

Habían pasado once meses desde la primera sesión y Leah, a pesar de seguir batallando con su desidia y con su jefa, se encontraba un poco menos deprimida.

La situación en su empleo seguía más o menos igual, pero ahora entraba en juego una nueva variable. Un amigo al que no había visto por casi dos años, la estaba buscando de nueva cuenta.

Lo describió de la siguiente manera: "Es un hombre fuerte, alto y un poco raro. En ocasiones me hace tres o cuatro llamadas en un día, pero otras veces desaparece como si se lo hubiese tragado la tierra. Me cuenta que todo es parte de su trabajo, pero he llegado a pensar que tal vez está involucrado en negocios peligrosos.

Me divierto mucho con él. Generalmente me invita a comer o a cenar y le gustan, como a mí, los buenos lugares, la buena comida y los buenos vinos. Tiene una plática muy agradable y podemos pasar varias horas hablando de muchos temas sin aburrirnos. Me inspira mucha confianza pues es de esas personas que jamás te critican. Siento que no tengo ninguna necesidad de ocultarle nada de mí, me siento muy libre y sin ganas de fingir".

Leah, después de su divorcio, solamente había sostenido dos relaciones serias y duraderas. La primera con Diego, un hombre que trabajaba como modelo y de quien cuenta:

"Lo conocí en una reunión y aunque me pareció guapísimo, no le presté demasiada atención, creí que habiendo mujeres tan bellas en la fiesta ni siquiera se fijaría en mí, pero ya sabes cómo es a veces el destino. Parece que fue precisamente el hecho de que no le presté mucha atención, lo que me hizo más atractiva a sus ojos.

En un momento dado se acercó, me pidió mi número telefónico y al día siguiente me llamó. Comenzamos a salir juntos e iniciamos un noviazgo que duró cerca de tres años.

Yo estaba trabajando como directora en un despacho de asesoría laboral que tenía como clientes a grandes empresas, mi sueldo era bueno y podía mantenerme sin ningún problema, incluso, apoyaba a mis padres. En pocas palabras, me iba muy bien y mi vida estaba completa con la relación amorosa que se iniciaba. Mi novio, el modelo, tenía mucho tiempo disponible y a pesar de que era bastante asediado por otras mujeres, él siempre permaneció fiel y respetuoso a nuestra relación que fue creciendo y se hizo cada vez más fuerte".

¡Púm! ¡Púm! ¡Púm! Sonaron de pronto tres martillazos y fueron tan inesperados que me asusté y disculpándome con Leah, salí al pasillo.

El ambiente del edificio en el que está mi consultorio es tranquilo, el dueño, un arquitecto, es muy cuidadoso en la selección de los inquilinos. Entre los vecinos existe una relación de mucho respeto.

Los golpes eran parte de la reparación de una humedad en el baño de mi vecina. Después de saber la causa del ruido volví a mi sillón y cuando terminó la sesión dejé fluir los pensamientos.

Algunos años atrás llegué a ese lugar después de una búsqueda de dos o tres meses. Necesitaba un sitio más silencioso y en el que fuera relativamente fácil encontrar estacionamiento. La calle es ancha, con muchos árboles y está muy cerca de avenidas importantes. Estoy bien comunicado.

Casi todos los días voy a comer a mi casa pero, si no tengo tiempo, justo a la vuelta de la esquina hay una cafetería en la que preparan unas tortas deliciosas y limpias. Conozco al dueño desde hace varios años pues mis hijas acudían a una escuela cercana y de vez en cuando, comer tortas era la opción obligada para llegar a tiempo a su clase de inglés.

En esos días, mi vida se había convertido en un verdadero caos y los problemas abundaban en todos los aspectos. El enredo era tal que ya no sabía a cuál situación debía atender primero y a la vez que quería dejar de esconderme, el miedo a ser rechazado era tan grande que solamente acertaba a esconderme más.

Lo más doloroso tardó varios años en llegar puesto que al principio las excusas, las mentiras y las justificaciones para conservar mi imagen eran creíbles y lógicas pero conforme mis conductas se fueron haciendo más y más irresponsables y mis argumentos más inverosímiles, toda la comprensión y la pantalla de humo que el amor desplegó frente a los ojos de quienes vivían más cerca de mí se fueron desvaneciendo, hasta llegar al punto en que ellos pudieron verme mejor que yo mismo.

La vergüenza que comencé a experimentar era tan grande, que dejé de ver el dolor que mis actos provocaban en las personas más cercanas. Mi conciencia desaparecía y no podía remediarlo.

Para los demás, mis conductas eran completamente transparentes y, para mí, ser transparente ya desde antes había sido demasiado doloroso.

Lo que menos quería, era reconocer que en mi interior también existe un ser oscuro, capaz de realizar actos completamente aberrantes y fuera de toda lógica. Eso de encontrarse con uno mismo no es tarea fácil.

Ya desde tiempo atrás no podía hacer contacto con mis sentimientos y el mundo de la fantasía era el único en el que me sentía cobijado.

Así me sucedía cuando, por ejemplo, es mis primeros años de vivir en esta ciudad, todos los días alrededor de las dos de la tarde mis padres, mis dos hermanas y yo nos sentábamos a comer. Recuerdo que nuestro departamento estaba en una esquina y que grandes ventanales dejaban entrar la luz tanto a la sala como al comedor.

Como reloj de catedral, cinco minutos después de la hora, un camión amarillo de esos que transportan estudiantes se detenía en el semáforo y por las ventanillas asomaban las sonrientes caras de jovencitas, de entre quince y dieciséis años, que con mucha alegría me coqueteaban y decían adiós con sus manos. Este ritual se repitió todos los días hábiles de los dos años que vivimos en ese lugar.

Yo me sentía realmente fascinado y tal vez pude intentar algo más como conseguir el teléfono de alguna de ellas pero al mismo tiempo pensaba, si me conocieran en realidad, no querrían tener una relación conmigo.

De la misma forma en que solamente las observaba a través del vidrio de la ventana, así sucedía con mis sentimientos. Los podía ver pero no los podía contactar.

Para Leah, salir con su amigo de manera más o menos frecuente le resultó muy benéfico, pues se distraía de sus problemas y se sentía acompañada, además del gozo de saber que le interesaba a un hombre nuevamente.

Cuando llegó a la siguiente sesión y le abrí, pude percibir en sus ojos una de esas miradas llenas de misterio con que las mujeres dejan ver su estado de ánimo sin decir una sola palabra. En el consultorio, sentados uno frente al otro le pregunté:

-¿Qué está sucediendo en tu vida?

-¡Se me nota! ¡Siempre he sido muy buena para ocultar mis emociones aunque, tú sabes que a veces, si me esfuerzo, puedo fallar!

Nos reímos los dos a carcajadas.

Me dijo que, como lo habíamos acordado, estaba solicitando empleo en otras empresas y que el día anterior había recibido una llamada prometedora. Estaban buscando a una gerente de recursos humanos.

Leah, a pesar de su entusiasmo, me comunicó su preocupación debido a que como ya hacía tiempo no ejercía su carrera y se había alejado de la sociología y de los recursos humanos, con toda seguridad no estaba al día en cuanto a las nuevas políticas empresariales y tampoco a las leyes y procedimientos. Tenía mucho miedo de no estar lo suficientemente capacitada.

Le contesté que la única manera de enterarse era acudir a la cita y dejar que le explicaran con claridad en qué consistiría su labor.

Después de un momento, Leah cambió el tema:

-He estado recordando mis pasadas relaciones amorosas. La que sostuve con Diego se hizo muy profunda. Compartíamos muchos gustos y nos teníamos mucha confianza. Mis padres lo recibieron muy bien, en especial mi madre que generalmente rechazaba o al menos, criticaba a mis pretendientes.

Diego se fue ganando su confianza con los cuidados y atenciones que le prestaba. Siendo un experto en la cocina, se dedicaba a preparar toda una serie de platillos deliciosos, además de que realmente era muy cariñoso con ella.

Cada vez me sentía más segura y durante unas vacaciones en mi empleo, me propuse viajar a su país para que me conocieran sus padres. Al llegar, me recibieron con mucha alegría y cariño. Durante los días en que estuvimos con ellos, no dejaron de atenderme y de mostrarme que sabían lo importante que yo era para su hijo.

Regresamos llenos de entusiasmo pues habíamos decidido que ya era tiempo de vivir juntos. Comenzamos a buscar un departamento y nos pusimos de acuerdo en la manera de cubrir los gastos.

¡Todo marchaba sobre ruedas aunque yo no había mencionado nada a mis padres! Curiosamente, se acercaban las vacaciones de verano y mi hermano los había invitado a estar con él y su familia en la ciudad en la que vivía. Pensé entonces: ¡Bueno! Este es un excelente momento pues tendremos más libertad para encontrar un sitio adecuado para Diego y para mí, pero una noche descubrí que no estaba del todo tranquila y la razón es que me obsesionaba pensando en la forma en que mi madre reaccionaría. Las vacaciones llegaron.

Al decir esto, Leah comenzó a llorar:

-¿Te das cuenta de la manera en la que mi madre se entrometía en mi vida? ¡Yo estaba preocupada por ella en lugar de estar feliz de saber que pronto, muy pronto, comenzaría una nueva vida! Después de dos o tres días, le platiqué a Diego mi preocupación, y él se mostró confiado al grado de convencerme de que era preferible comunicarles nuestra decisión a mis padres en ese momento y así, darles tiempo a que fueran asimilando la noticia.

Esa misma noche llamé y le dije a mi mamá lo que estaba sucediendo. Sabía que no lo tomaría del todo bien, pero su respuesta me dejó sin palabras: "¡Son unos malagradecidos! ¡Son unos egoístas! ¿Cómo pueden hacernos esto? ¡Sobre todo tú Leah, después de tanto sacrificio que tu padre y yo hemos hecho por ti! ¿Así es como nos pagas? ¡Por supuesto que ya lo tenías todo bien planeado y esperaste a que estuviéramos lejos para poderte largar! ¡Eres una mala hija y a tu novio no lo quiero volver a ver en mi vida!".

Comencé a llorar y Diego tomó el teléfono y quiso explicarle a mi madre la manera en la que habíamos planeado el cambio pues, por ejemplo, en el departamento que habíamos escogido había una recámara que sería para ella y papá. Ellos, me había dicho Diego un día, son como mi propia familia. Siento mucho cariño por tus padres y por supuesto que quiero que sigan estando cerca de nosotros. Pero mi madre no le dio oportunidad y le repitió lo que me había dicho: "¡No te quiero volver a ver en mi vida! ".

Leah, lloraba en abundancia y todo su cuerpo se estremecía. Dejé pasar unos momentos y cuando la percibí un poco recuperada, le pregunté qué había sucedido después:

-¡Colgué el teléfono y Diego, que había estado cerca de mí observando en silencio los cambios de expresión de mi cara, me abrazó y comencé a llorar de nuevo! Él repetía una y otra vez: "¡No lo puedo creer! ¡Simple y sencillamente no lo puedo creer!".

Permanecimos abrazados por largo rato y después nos fuimos a dormir a mi recámara.

No pude conciliar el sueño y cuando la luz del amanecer comenzó a colarse por entre las cortinas me levanté. Me sentía sumamente cansada, parecía que hubiese cargado al mundo toda la noche.

Sin hacer mucho ruido para no despertar a Diego, me metí a bañar. Mi cabeza daba vueltas, pero no estaba mareada. Las ideas se agolpaban en mi mente, me sentía muy confundida y no encontraba la manera de resolver la situación.

Diego despertó y entró al baño con dos tazas de café. Yo me estaba secando y él, sentándose encima del lavabo, con la confianza y seguridad que le eran características, me dijo lo siguiente: "Leah, nosotros quisimos hacer las cosas de la forma más adecuada que se nos ocurrió, pero no acabo de entender lo que le sucede a tu madre. ¡Nadie me había tratado de esa manera, es muy injusta su actitud y creo que le tomaremos la palabra! Hoy mismo sacamos nuestras cosas y nos cambiamos al nuevo departamento. Es lamentable lo que ha ocurrido".

Pasaron seis meses y aunque mi relación con Diego se estrechó, me era muy difícil estar lejos de mis padres. Mi mamá no nos dirigía la palabra y me enteraba de lo que sucedía en casa a través de papá y de mi hermana.

Para Diego, mis padres habían desaparecido de su mente o, al menos, así me lo demostraba. Me trataba con mucho cariño y me dedicaba todo el tiempo que le sobraba y que, desafortunadamente, comenzó a ser más y más. No tenía un empleo estable y me buscaba tanto que me empecé a sentir invadida.

Me llevaba al trabajo, comíamos juntos, me recogía al terminar mis labores. Se hizo amigo de mis amigos. Prácticamente no había ni un momento en que estuviese sin su presencia.

Poco a poco mis sentimientos hacia él fueron cambiando y mentiría si no digo, que el hecho de que no tuviéramos ninguna relación con mis padres, también influyó en que mi amor hacia él se fuera desvaneciendo.

Todavía hice un intento para arreglar la situación con mis padres y lo convencí para que la cena de Navidad se hiciera en nuestro departamento. Diego aceptó a regañadientes y me dijo que si era tan importante para mí, pues lo haría. Incluso fue él quien preparó la cena con la comida preferida de mamá. "¡Qué desastre! Mi madre no probó ni un bocado de todos los platillos que había cocinado Diego. Tampoco dijo nada más allá de saludar al llegar y al retirarse. Tres meses después, la relación entre Diego y yo llegó a su fin".

Creo que a veces, a quienes tratamos con el alma humana, nos gustaría que el tiempo corriera un poco más lento, pero no es así. La sesión había terminado y acompañé a Leah hacia la salida. Es importante cuidar las reglas que se acordaron en la primera sesión de un tratamiento.

Muchas de las dificultades de mis clientes están relacionadas con la falta de límites. Resistirme a la tentación de que el tiempo de la sesión se alargue con alguien que me simpatiza, es benéfico para las dos partes.

Cuando subí a mi consultorio de nuevo, iba pensando: ¡Hay dolor cuando alguien nos da un pisotón! Si ha sido un accidente es mucho más fácil disculpar a quien nos pisó, pero si llegamos a descubrir que ha sido a propósito, el asunto es completamente diferente, sobre todo si quien nos pisó es alguien importante para nosotros y le hemos entregado una parte de nuestro corazón.

Creo, sinceramente, que el alma humana a veces no reconoce rostros o facciones, sino que identifica gestos, expresiones, conductas, tonos de voz, olores, colores y temperaturas. Si en el proceso de desarrollo dentro de una persona el alma ha sido privada de algo que tendría que haber recibido, lo continuará buscando hasta que su necesidad sea satisfecha.

Lo que quiero decir es que si una persona no tuvo la suficiente atención de sus padres o cuidadores, esa necesidad sin atender se convierte en una exigencia del alma que debe ser cubierta sin tomar en consideración quién o qué la llene. Esto puede ser un verdadero peligro.

Existen seres humanos que utilizan a sus hijos para cubrir necesidades de atención y de valor que no fueron satisfechas cuando ellos fueron pequeños. Estas personas no pueden verlos como son en realidad sino que, consciente o inconscientemente, los obligan a convertirse y llegar a ser lo que ellos no pudieron. Los halagos y felicitaciones por los logros de esos niños no son dirigidos a ellos, sino más bien a los padres.

Pienso que el alma se torna ciega y egoísta en esos momentos en los que hiere a otros de la misma forma en la que fue lastimada. Es por eso que heredamos con más frecuencia de la que nos gustaría, heridas emocionales. Ahora que, no son causadas solamente por aquello de lo que hemos carecido o tenido muy poco. El alma también sufre si recibe demasiado. Así, se hace evidente el dicho popular de que "Los dos extremos son malos".

El resultado es, generalmente, el mismo. ¡No ser visto verdaderamente! Palabras que describen, simple y sencillamente, lo que es una herida narcisista.

Recuerdo el caso de una muchacha de dieciséis años, primera hija y primera nieta de una familia, tan trabajadora como acaudalada, a quien su madre decía constantemente: "¡Tú no eres como las demás! ¡Tú perteneces a esta familia! ¡Tú eres diferente! ¡No puedes hacer lo mismo que hacen tus amigas! ¡Eres el ejemplo para tus hermanas menores!"

Ante tanta presión, la seguridad de esta joven fue cediendo su lugar al profundo dolor de sentirse rechazada, en lo más íntimo, por un ser tan querido e importante para ella. Cuando esto ocurre, las personas quedan divididas en su interior y pueden reaccionar en formas diferentes, dependiendo de su personalidad.

Una variante es que la joven haga suya la mayor parte del "orgullo familiar" y deje a un lado su verdadero ser para desplegar, como pavo real, la belleza de sus plumas. Una joven altiva, orgullosa, intolerante, sarcástica, envidiosa, hiperactiva y presumida es, generalmente, el resultado. ¡La heredera del trono ha nacido y la continuidad del reino queda asegurada!

Lo que no muchos saben es que debajo de esa fachada, existe un mujer con todas las características opuestas que se esconde de la vista de los demás, que sólo aparece en raras ocasiones y generalmente se hace visible cuando la conciencia de la joven ha disminuido su actividad, ya sea porque está dormida, porque el alcohol u otra sustancia han entrado a su cuerpo o porque alguien abre la jaula con su amor.

Otra variante es que la joven comience a vivir una doble vida en la que, cuando se encuentra rodeada de "los miembros de la corte" se comporte de la manera esperada, guardando las reglas y siguiendo los dictados de sus mayores: ¡Ella es lo que debe de ser!

Pero cuando esta joven se encuentra "fuera de vista", arroja su abolengo por los suelos y se convierte en alguien que no respeta ninguna regla, que da rienda suelta a sus instintos, que gasta dinero a manos llenas, que no muestra el menor respeto por los demás, y que se lanza contra todo lo que percibe como autoridad injusta.

Sea cual sea la variante que sigan, las jóvenes con heridas narcisistas compartirán un gran enojo que si no cuenta con una expresión adecuada y suficiente hacia el exterior, se convertirá en una fuente inagotable de conductas auto-destructivas que no siempre son fáciles de identificar. Buscar la perfección es una de ellas.

Aunque no pretendo comparar un comportamiento repetitivo en el que la fuerza de voluntad es inoperante, como en una adicción, Leah, en poco tiempo me dejó ver ciertas conductas que se repetían una y otra vez y de las que no estaba consciente.

Debo aclarar que esos comportamientos no son exclusivos de ella, pues en mi experiencia clínica son algo más o menos común, aunque se disfrazan de diferentes maneras. Uno de los procesos es el siguiente:

1) Una mujer se siente sola y piensa que si no tiene a nadie se va a deprimir.

2) Busca conocer a un hombre y, cuando lo hace, comienza a ver en él esas cualidades que considera tan importantes como valiosas en una pareja.

3) Se convence a sí misma y a los demás, que ahora sí encontró al hombre de su vida o...

4) Se reencuentra con alguien del pasado y se convence de que tiene ciertas cualidades que no le había visto antes. Se llena de entusiasmo.

5) Pasa el tiempo, piensa que da lo mejor de sí y que casi no recibe nada a cambio, con lo que poco a poco le llega el desencanto.

6) Comienza a verle defectos y decide terminar la relación sin aclarar los motivos. Tal vez ni ella los tiene claros.

Parte de la terapia consistiría en poner al descubierto los elementos inconscientes de tal actitud y, para ello, tendríamos que aprovechar que el ciclo estaba reiniciando, pues Leah apenas comenzaba a salir con Tomás, quien en el pasado ya había sido su pareja aunque su relación no fue demasiado profunda.

No se trataría de encontrar los por qué, sino más bien de poder descubrir los para qué. Preguntar por qué, dirige la investigación a un pasado al que con nada se puede alterar, pero si preguntamos para qué, se dirige la investigación hacia un futuro que hasta cierto punto sí puede ser forjado en el presente, que es uno de nuestros mejores aliados.

De tal manera, que un análisis más o menos completo tendría que incluir información acerca de sus actividades, de su forma de comunicación, de los gustos que compartían, de los pensamientos y actitudes, de los sentimientos que iban surgiendo entre ellos, de la educación, de las costumbres y valores familiares, de los planes a futuro, la sexualidad, el compromiso y, además, los puntos de desacuerdo. Lo que es tolerable y, por lo mismo, se puede negociar y lo que es inaceptable.

Es un hecho conocido que a medida que las personas van creciendo y madurando, iniciar relaciones de pareja se convierte en algo más complicado. Las personas piensan más, se dan cuenta y consideran aspectos que cuando se es menos experimentado no se analizan con claridad.

La independencia y la libertad son manjares de los que cuesta desprenderse y cuando un individuo ha disfrutado de ellos por un tiempo más o menos prolongado, para abandonarlos, tendrá que volver a comunicarse primero con él mismo y más tarde con el otro.

Por esa razón, resulta indispensable el establecimiento de límites y para establecerlos de la mejor manera posible, lo primero es tener bien claro lo que se desea y hasta dónde se está dispuesto a ceder. Los límites son para mí y no para los demás.

Este es un elemento central, ya que el éxito de una negociación consiste en que los puntos de vista de las partes obtengan la mayor satisfacción posible. Los deseos, gustos, aptitudes, características e incluso los dones de quienes van a negociar, tienen que ser tomados en consideración para formular un acuerdo en el que nada sea impuesto. Cada miembro de la pareja ha de tener bien claro que ha tomado la decisión de ceder algo.

Capítulo cinco

Ha transcurrido una semana y son las seis de la tarde. Voy bajando las escaleras para abrirle la puerta a Leah que tiene un rostro sonriente. Me pregunto cuál será el motivo de su alegría. Subimos al consultorio y nos sentamos. Espero a que comience a hablar y me cuenta que sigue saliendo con Tomás y se siguen divirtiendo juntos, además de tener gustos muy parecidos. Lo que más le agrada de él, es que no necesita guardar poses.

Hace unos días, el fin de semana, Tomás la llevó a una comida familiar y Leah volvió a platicar con la madre de él y sus hermanos, quienes la trataron muy bien y se interesaron en ella. Se siente muy confiada.

Le pregunté si pensaba tener una relación más profunda y formal con él y me dijo que no, que por el momento solamente le importaba salir a pasear y divertirse.

Después, me comentó que tenía un motivo adicional para estar contenta y es que había acudido a la cita con la empresa interesada en ella y después de platicar con la jefa de personal la había entrevistado el director quién le dijo que, de acuerdo a su perfil, ella era la persona indicada para hacerse cargo del departamento de ventas.

-¡Estoy un tanto asustada! Es cierto que tengo facilidad para relacionarme con la gente y que mis estudios me ayudan, pero me siento insegura, aunque las palabras del director me han dado mucho ánimo. El sueldo será casi el doble de lo que hoy percibo y tendré un horario más relajado.

-Parece que las cosas están mejorando para ti. ¿Qué sucede en tu interior con todo lo que está ocurriendo?

-Siento que todo va a ser diferente y tendré más por lo que estar alegre. Ya estaba cansada de que todo alrededor mío estuviese tan difícil y deprimente.

Algo noté en sus últimas palabras y le pregunté si había alguna otra cosa de la que no hubiese platicado. Después de unos momentos me dijo:

-Mi padre no ha estado bien últimamente, le está costando cada vez más trabajo respirar y su médico le pidió que utilizara el oxígeno de manera regular pero eso origina más gastos y yo apenas estoy pagando algunas deudas.

-¿Qué tiene tu papá Leah?

-Tiene una enfermedad en los bronquios que no se puede curar sino solamente detener, pero los cambios de clima y el estrés son perjudiciales. ¡Ya ves cómo ha estado el tiempo!

Cuando pienso en que él se debe dar cuenta de su situación y de cómo se ha ido deteriorando me preocupo, eso le puede bajar el ánimo. Además, mamá ha estado de muy mal carácter y se enoja por todo. Ha estado muy agresiva conmigo y con papá.

Espero que con la nueva medicina papá se mejore y acepte la invitación de mi hermano para estar con él una temporada. Realmente deseo que pronto se pueda ir a relajar y a disfrutar de sus nietos. Es más sencillo para mí lidiar con mi mamá. ¡Qué raro que no te haya platicado de esto antes!

Como en el caso de Leah, era particularmente importante la reflexión de los temas tratados entre sesión y sesión, le pregunté si había seguido recordando su relación con Diego o tal vez alguna relación posterior. Me contestó que había salido muy triste la sesión anterior y que le parecía increíble que después del tiempo transcurrido, se hubiese reavivado el enojo con su madre.

Me dijo que recordó su siguiente relación y que también fue con un extranjero, sólo que éste venía del otro lado del mundo pues era árabe. Comenzó su relato diciendo:

-Duramos casi un año de novios. ¡Físicamente me gustaba mucho! Aunque desde el principio presentía que iba a ser complicado que llegáramos a profundizar, por las diferencias en la educación y las costumbres.

La pasé muy bien y a medida que el tiempo transcurría, nuestra relación se hizo más y más fuerte. De hecho llegó a proponerme matrimonio, pero aunque la idea me encantó en un principio, no sé qué es lo que me pasó después pero comencé a notar cosas que no me gustaban del todo, lo que hizo que comenzara a distanciarme de él. Por ejemplo: era demasiado cachondo y quería tener relaciones muy seguido y en cualquier lugar. Esto al principio me pareció muy atractivo, pero no pasó mucho antes de que se tornara en algo desagradable.

Otra cosa que me molestaba era que tenía una gran cantidad de amigos y todos los días había invitaciones, ya sea para ir a jugar cartas, para ir al cine, para jugar dominó y beber. A mí me costaba mucho trabajo levantarme al otro día para trabajar y comencé a poner pretextos para evitar salir con él.

Rashid, notó mi alejamiento y me preguntó qué era lo que me estaba sucediendo. No pude decirle y tampoco supe qué contestarle. Un día simplemente le dije que ya no podía continuar con nuestra relación y así terminamos. Regresó a su país y no volví a saber de él. Lo recuerdo con mucho cariño, pues me ayudó a superar mi rompimiento con Diego.

No bien había terminado Leah de contarme esa historia cuando dijo: "¿Sabes de qué me acabo de acordar? Todavía me sentía un poco triste por la ruptura con Rashid y un domingo por la mañana estaba en una cafetería, había quedado de verme con unas amigas. De pronto, mis ojos no dieron crédito, pues del otro lado del vidrio pasaba caminando Diego.

El volteó y nos miramos; por su expresión me di cuenta de que estaba muy sorprendido y que tampoco lo creía, pero entró a la cafetería y nos saludamos con cariño. Platicamos un ratito y después de intercambiar números telefónicos, se marchó. Después de unos días recibí su llamada, nos vimos para comer y sentí otra vez mariposas en el estómago.

Conversamos de lo que habíamos hecho durante el tiempo que nos dejamos de ver y la química entre nosotros se hizo presente. De tal manera nos sentimos a gusto que empezamos a salir de nuevo. Lo extrañaba a cada momento en que nos separábamos y él estaba sintiendo lo mismo. Me reclamé a mí misma por haber perdido el tiempo si Diego me gustaba tanto y me sentía tan bien con él.

Me estaba enamorando de nuevo y mi tristeza por el fracaso con Rashid desaparecía rápidamente aunque, por otro lado, todavía recordaba los motivos por los que habíamos terminado Diego y yo.

El seguía trabajando como modelo y su vida laboral continuaba, por así decirlo, tan poco estable como antes. Comencé a darme cuenta de que recibía muchas llamadas telefónicas y en una ocasión, mientras él se bañaba, revisé su teléfono y encontré que le hablaban otras mujeres. Lo confronté y después de decirme que le resultaba doloroso que no confiara en él, me aseguró que eran amigas y modelos con las que hacía comerciales y que a través de ellas recibía avisos de castings. Mi corazón quiso crccrlc y mi mente quiso lo contrario. Pocos días después me invitaron a una reunión y en ella conocí a Tomás".

Aunque ya lo había comentado con ella, me pareció que era momento de hacer a Leah todavía más consciente del patrón de comportamiento en su forma de relacionarse con los hombres y de terminar sus noviazgos. Lo expuse ampliamente y al concluir la sesión le pedí que se lo llevara en la mente para ver lo que ocurría hasta el próximo jueves. La acompañé a la salida y nos despedimos.

Ese fin de semana viajé con mi esposa y la menor de nuestras hijas a Tepoztlán. La pasamos muy bien aunque la tarde del sábado llovió abundantemente. Disfruto mucho de la lluvia cuando estoy en el campo, pues tengo la impresión de que las gotas son más grandes y, sobre todo, dejan un olor a tierra mojada que invita a toda clase de sensaciones y recuerdos agradables en mi vida, mientras que en la ciudad lo que sucede es completamente diferente. Congestionamientos, charcos, insultos y personas desesperadas por llegar a no sé dónde.

Es jueves, son las seis y media de la tarde, Leah no llegó a sesión. Me llamó hace apenas unos minutos para avisarme que no vendría por situaciones en su trabajo. Era ésta la primera vez que ella no cumplía con las reglas que acordamos al inicio de nuestra relación terapéutica.

Las reglas son parte del contenedor y del espacio en el que se cocinan los ingredientes psíquicos y emocionales, tanto de los clientes como de los psicoterapeutas. Mantenerlas es indispensable para que la transformación ocurra. Si son rotas por los pacientes, es importante que en sesión se aclaren los motivos del comportamiento.

Lo que generalmente aparece son exigencias y sentimientos reprimidos que no han podido ser entendidos o expresados con palabras, por lo que se convierten en actitudes que, al repetirse en el consultorio, muestran el estilo de relación de los pacientes con otras personas importantes en su vida.

Si, por otro lado, es el terapeuta quien rompe las reglas, es indispensable que revise sus propios motivos y aproveche sus sesiones de terapia personal o de supervisión para que sean aclarados. En ocasiones, es muy importante para la relación terapéutica que el cliente reciba una explicación e incluso una disculpa si así es conveniente.

La comunicación, es uno de los pilares en los que se apoya cualquier relación y aunque es común pensar que lo más importante, si no lo único, son las palabras, el tono de voz y las expresiones faciales y corporales, existen elementos que no son considerados y tienen una influencia crucial a pesar de ser inconscientes.

Por ejemplo, lo que yo digo lo escuchas tú y ésta es una comunicación entre dos conciencias; pero mis palabras también llegaron a tu inconsciente y ahí tienen ciertas repercusiones que pueden influir en tu respuesta y tal vez ni siquiera te das cuenta. Así, tú me respondes y lo que dices también llega a mi inconsciente e igual que sucedió en ti, ahí tienen ciertas repercusiones que pueden influir ahora en mi respuesta. Tus palabras influyen en tu inconsciente y mis palabras influyen en el mío. Tu inconsciente influye en mi conciencia y mi inconsciente influye en la tuya. Lo más desconocido es cuando tu inconsciente se comunica con mi inconsciente y ni tú ni yo nos damos cuenta. El siguiente esquema (13), puede aclarar mis palabras:

Mi conciencia (yo)   Tu conciencia (tú)

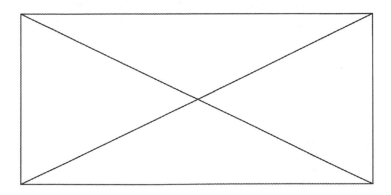

Mi inconsciente   Tu inconsciente

Todas esas líneas de comunicación (doce en total pues se dan en los dos sentidos) forman una intrincada red que influye en la comunicación entre las personas al platicar. Cuando están en una relación terapéutica, éste fenómeno se conoce como transferencia y contra-transferencia.

La transferencia, se refiere a los contenidos emocionales que el paciente proyecta sobre el terapeuta. Dichos contenidos tienen como origen la relación que se tuvo con el padre del sexo opuesto y pueden ser positivos o negativos, expresándose los primeros con sentimientos de cariño, respeto, etcétera y los segundos, con sentimientos de enojo y agresividad.

Por otro lado, la contra-transferencia, consiste en las respuestas emocionales e inconscientes del terapeuta hacia su paciente cuando proyecta en éste, un contenido de su mente del que no está consciente.

Cuando escuchaba las historias que Leah me contaba acerca de sus noviazgos, me puse otra vez en contacto con mis propias experiencias en las que, al igual que ella, terminaba mis relaciones sin una razón clara.

Un día, simple y sencillamente, todo eso que había estado sintiendo hacia una mujer se desvanecía. Algo dentro de mí se desconectaba y solamente encontraba un vacío helado.

Darme cuenta de que ya estaba sucediendo era una sensación muy desagradable y aunque en algunas ocasiones hacía intentos desesperados porque no ocurriera, particularmente en aquéllos momentos en que mis parejas lloraban o se sentían muy tristes, entonces, trataba de evitarles su dolor y de inmediato cambiaba mis palabras para lograr una rápida reconciliación solo para que, días más tarde, terminara la relación.

A veces simplemente ya no volvía a verlas y ni siquiera les hablaba. Era como si me hubiese muerto. En ese entonces, aunque realmente lo deseaba, yo no podía sentir nada sino que me imaginaba sentir. Lastimé mucho y mucho lo lamento.

Capítulo seis

Era martes por la tarde y estaba revisando mis notas, pues al día siguiente daría una plática a los padres de familia de una escuela primaria, acerca de la relación entre padres e hijos. El teléfono sonó y era Leah. Me dijo que ya había firmado el contrato. Se oía feliz. Colgué el teléfono y seguí preparando mi exposición. Ni ella ni yo sospechamos lo que iba a iniciar al día siguiente.

El mañana llegó pronto. Es miércoles al mediodía y estaba regresando de comer, aún disfrutando de la respuesta y del entusiasmo de los padres de familia a los que, así me pareció, mi plática les resultó interesante. Me preparaba una taza de café cuando el teléfono sonó. Era Leah, se oía muy alterada y me pidió una sesión para esa misma tarde. Algo inesperado había sucedido y necesitaba platicarlo conmigo.

Le pregunté si podría esperarse al día siguiente pues teníamos programado vernos como todos los jueves. Me dijo que ya no aguantaba la presión. Apenas eran las tres de la tarde y mi primer cliente llegaría a las cuatro y media, así que acepté verla. Llegó tan sólo diez minutos después y ya en el consultorio comenzó su relato:

-Ayer, ¡me estaba terminando de arreglar pues saldría a cenar con Tomás! Mi padre estaba en la sala leyendo una novela y mamá se iba a meter a bañar, de pronto se oyó un fuerte golpe y volteé hacia la puerta de mi recámara desde donde podía ver a papá. El se estaba levantando con esfuerzo y corrí hacia el baño. Mamá estaba tirada en el piso. Me agaché para ver si se había golpeado la cabeza y ella comenzaba a reaccionar. ¡¡¿Qué te pasó mamá?!! Y ella me respondió que no sabía, que simplemente se había desvanecido. Tenía un fuerte golpe en la frente y se sentía un poco mareada.

Llamé a mi hermana y cuando llegó decidimos que la debía revisar un médico. El esposo de una prima era neurólogo y vivía muy cerca. Llegó y después de revisar a mamá nos recomendó que le hicieran unos análisis para asegurarse de que no era nada más que el golpe.

Después de oírla, le pedí que me dijera cuál era su mayor preocupación por lo que había acontecido y me dijo: "¡Sería terrible que a mamá le sucediera algo grave! Sé que le guardo mucho rencor, pero lo que más me duele es tener una madre y no poderme llevar bien con ella.

A mi alma le hace falta sentir su cariño y he trabajado, luchado y en incontables ocasiones me he llegado a sacrificar por ella, esperando siempre recibir algo más de lo que me da. Por un lado me siento muy culpable y por otro lado me siento muy triste. ¡Tengo miedo de que le suceda algo malo!

Es muy contradictorio, pues la traigo cargando sobre mi espalda desde hace varios años, pero también hace años que quisiera haberla soltado. ¡Es como tener la sensación de que me debe algo pero, al final de cuentas, soy yo la que termino pagando!".

El tiempo de la sesión estaba a la mitad y le pregunté si quería decirme algo más de la situación y de lo que estaba sintiendo. Me dijo que no y entonces me pareció oportuno aprovechar los minutos restantes para hablar con ella acerca de su rompimiento de las reglas.

Le hice la siguiente pregunta: Cuando no me avisaste que ibas a faltar con las 24 horas de anticipación que acordamos y me llamaste diciendo que con tanto trabajo se te había olvidado que teníamos sesión, ¿qué crees sentí? Estuvo pensando unos momentos y me contestó: ¡Creo que te enojaste!

Al escuchar su respuesta la cuestioné diciendo: ¿Tú quieres que me enoje contigo por alguna razón? Leah, con sus ojos llenos de lágrimas me contestó: "¡Sí, quiero que te enojes mucho y que me mandes a la chingada, así yo no seré la responsable por terminar con esta relación!"

-¿Quieres tú que se termine?

-¡No, pero tengo mucho miedo!

-¿A qué le tienes miedo Leah?

-¡A que descubras quién soy en realidad! ¡A que me rechaces! ¡A que no me aceptes cómo soy!

Al terminar de decir estas palabras comenzó a llorar y en su rostro pude ver el profundo dolor que estaba sintiendo. Su llanto era tan triste que su cara estaba desfigurada y su respiración se entrecortaba.

No hice nada más que observarla y después de unos instantes, le dije: Leah, aquí estoy contigo. ¡Gracias por la confianza de externar lo que está sucediendo dentro de ti! ¡Me siento muy honrado de poderte acompañar en estos momentos tan difíciles y dolorosos!

Esta clase de sentimientos generalmente surgen cuando los niños tienen que hacerse cargo de las personas adultas que, se supone, tendrían que cuidarlos a ellos. A los pequeños, les gustaría terminar con esa relación y ser cuidados, protegidos y amados, pero no lo pueden hacer pues su vida va de por medio.

Eso estaba sucediendo entre Leah y yo. Ella, sin darse cuenta, estaba repitiendo el viejo patrón de tener una relación deseando que la otra persona se hiciese cargo de ella. Pero en su inconsciente existía la información de que eso no sería posible y que, al final de cuentas, como le sucedió con su propia madre, me tendría que terminar cuidando.

Yo, no la estaba abandonando —al menos eso pensaba- pero por alguna razón se estaba repitiendo en la relación de terapia, lo que había sucedido en un principio con su madre y con su padre, y más tarde con otras personas importantes en su vida.

Le expliqué lo que estaba sucediendo y cuando terminé de describir su conducta repetitiva en las relaciones amorosas que había sostenido y lo que pasaba en nuestra propia relación, ella me miró con sus ojos bien abiertos, mostrando una gran sorpresa.

Reflexionó durante unos momentos y me dijo: "¡Vaya! Nunca me había dado cuenta, hasta hoy, de lo que hago. ¡Es cierto! ¡Así actúo! Hasta hace poco no sabía por qué, pero hoy se está aclarando. ¡Yo quiero tener una relación duradera, contar con alguien que me cuide! Quiero sentirme apoyada, consentida, acariciada. ¡Quiero que haya alguien esperando que regrese a casa!".

-Te creo Leah, le dije, pero es posible que cuando estés en una relación y comiences a imaginar o a percibir que "el otro" necesita de tus cuidados y que es necesario que te esfuerces más allá de lo que espontáneamente te gustaría dar para recibir su amor, sus atenciones y sus cuidados, tu herida en el inconsciente se active y el instinto de conservación ejerza presión para que vuelvas a conducirte de la manera que, aparentemente, te permitió superar tu sufrimiento, a pesar de no obtener lo que tu alma infantil deseaba. En otras palabras, le cuidas.

Si bien, es cierto que esa actitud te pudo ser útil cuando eras una pequeñita, en la actualidad es un verdadero problema para ti. No es tu labor cuidarme pues soy un adulto y tengo mi propia vida, pero sería muy importante que me dijeras qué es lo que he hecho o dicho, para que tú percibas que me tienes que cuidar.

Ella se quedó callada y pensativa.

-Piénsalo detenidamente Leah. No tienes que contestarme ahora mismo.

El reloj que frente a mí cuelga de la pared, marcaba las cuatro y quince de la tarde:

-Leah, el tiempo de la sesión ha terminado. ¿Cuándo les entregan los resultados de los exámenes de tu mamá?

Ella me contestó que dentro de una semana. Le dije que deseaba que todo saliera bien y que pensara en nuestra plática para continuar con el tema la siguiente sesión. La acompañé a la puerta y nos despedimos.

Subí las escaleras admirándome de la persistencia del alma humana para obtener lo que necesita pues, así parece, no entiende las razones lógicas.

El alma sigue luchando por recibir lo que le hizo falta y desprecia el tiempo. Las ganas de estar completa la siguen impulsando y los instintos están de su lado.

Me disponía a prepararme una taza de café y estaba pensando en que le había pedido a Leah que me dijera si alguna actitud mía le había enviado el mensaje de necesitar de sus cuidados.

Justo en ese momento me llegó el recuerdo de haberle solicitado que corriera la voz entre sus amistades, acerca de un seminario que iba a impartir con el tema de los sueños y le había dado unos panfletos para que los repartiera. No había muchos asistentes inscritos.

¡Vaya! Ese había sido un grave error de mi parte. Sin darme cuenta, le estaba pidiendo que se hiciera cargo de mí.

Yo, que en la transferencia estaba siendo investido por Leah con la energía del cuidador, comencé a actuar como su padre –cuando éste, por ejemplo, le pedía que no hiciera ruido y que cuidara a su madre para que no muriera- y ella comenzó a sentir, al igual que en aquél entonces, enojo, impotencia, frustración y la amenaza de ser señalada como la responsable del éxito o del fracaso de una situación en la que un adulto, en este caso yo y antes su padre, le demandaba hacer algo que no le correspondía. Eso le confirmaba que el bienestar de otra persona dependía de lo que ella hiciera, aunque no fuera su responsabilidad.

Leah, al faltar a su sesión sin avisarme –rompiendo una regla- estaba tratando de solucionar, de la manera en que siempre lo hacía, el antiguo conflicto de hacerse responsable de quien debe cuidarla y en lugar de enojarse con él y discutir hasta que se aclaren las cosas, ella optaba por permanecer callada, pero intentaba hacerme enojar para que fuese yo quien terminara la relación y la responsabilizara por ello.

Lo anterior, igualaba sus pasadas experiencias, a pesar de que era yo quien había roto las reglas primero y ella, la que tendría que estar enojada. ¡Tal vez ni siquiera estaba consciente de su enojo! ¡Tal vez si lo estaba pero no sabía cómo decírmelo! ¡Tal vez decírmelo le provocaría culpa!

Para los niños, que por varios años dependemos casi completamente de nuestros padres y ya tenemos la conciencia de que en nuestra familia no se toleran las expresiones de coraje, resulta demasiado difícil enojarnos con ellos, pues existe en el interior la terrible amenaza de ser abandonados, lo que activa nuevamente al instinto de conservación que, por medio de la culpa, nos obliga a soportar lo insoportable, a ignorar lo deseado, a sufrir lo insufrible y por encima de todo, a callar.

Tal vez suene dramático pero, a menudo, con el silencio pagamos el precio de seguir existiendo. Mientras más temprana sea este tipo de vivencias, más profunda la herida.

En ese preciso momento, vino a mi mente el relato de un paciente que me platicó la siguiente historia:

"Una tarde, al regresar de la escuela en que cursaba el primer año de secundaria, mi madre me recibió con un gesto de mucha preocupación y me dijo que me quería contar algo, pero que, antes de hacerlo, necesitaba mi promesa de que por nada del mundo le diría a mi padre ni una sola palabra de lo que ella me iba a decir.

Con poca confianza y menos conciencia, accedí. Ella comenzó: ¡Hijo! Tu padre está sosteniendo una relación con otra mujer y necesito que me ayudes.

¿Mi padre engañando a mi madre?

Mi cabeza no podía comprender lo que mis oídos estaban escuchando. Pero ella continuó: Esto tiene ya varios meses, creo que tú y tu hermana nos han oído discutir cuando estamos en la recámara después de comer. He hablado con él pero todo sigue igual. Tu padre no entiende, parece estar embrujado.

Apenas ayer iba con tu hermana después de recogerla de la escuela y ví su camioneta parada frente a casa de esa mujer. Me bajé junto con ella y tu padre estaba platicando en la sala. Se sorprendieron mucho. Llorando le pedí que se diera cuenta de lo que estaba haciendo y él se salió de ahí. Me reclamó por haber llevado a nuestra hija. Pero lo más importante es que tengo un plan y aquí es donde entras tú.

Ahora que llegue tu papá, le vas a preguntar si ya no me quiere y cuando él te cuestione la razón por la que le preguntas eso, entonces tú le dirás que una compañera de la escuela te dijo que lo había visto con una señora que no era yo. ¡Te repito, es muy importante que niegues que te dije algo!

Mi padre llegó, yo hice lo planeado. Negué que mi madre me hubiese dicho y él ya no insistió más. Podría decirse que el plan de mi madre fue perfecto para sus propios fines pues mi padre, terminó esa relación. Solamente hubo un detalle que ella no consideró. Los efectos que su actitud y su petición dejaron dentro de mí. Esa herida fue tan profunda, que tardó varias décadas en sanar. En ocasiones, todavía me descubro acariciando mi cicatriz".

El timbre sonó, eran las cuatro y media de la tarde. Tan puntual, como era su costumbre, había llegado mi cliente y me alisté para atenderlo. En ese momento me descubrí tocando una cicatriz en mi propia mano y esa noche, soñé con una de las casas en las que vivimos cuando yo era un niño.

Pasaron varios días y una tarde y al regresar a mi consultorio encendí el televisor y estaban pasando noticias de mi ciudad natal, curiosamente hablaban de un acontecimiento en la calle 16 de Septiembre y de inmediato me trasladé en el tiempo y recordé la casa en que viví hace más de cuarenta años. Era la misma de mi sueño.

En la planta baja, el dueño de la propiedad, tenía su consultorio. Nuestra entrada era independiente y al final del pasillo había un cuarto que jamás se utilizó.

Atravesando ese cuarto, había un pequeño patio en el que Sultán, mi perro pastor alemán, se entretenía ladrando y persiguiendo a una pareja de garrobos, especie de lagartijas verdes y velludas, que habitaban en el árbol del vecino.

Estos animalitos se encargaban de todas las arañas y cucarachas que, como en cualquier ciudad húmeda y calurosa, hacen de una simple rendija su mansión. Un día, el Sultán atrapó a uno de ellos y la pareja se marchó. A partir de entonces, hubo que utilizar gran cantidad de insecticidas.

Subiendo las escaleras se llegaba a un espacio de distribución. Del lado izquierdo estaba la cocina y más adelante, del mismo lado, el comedor y enfrente la sala. Al fondo y justo del lado opuesto de la escalera, había un baño muy grande. A la derecha estaba la recámara de mis padres y a la izquierda, la recámara que compartíamos mi hermana y yo. Ella es menor por dos años.

Del lado derecho de la escalera, había un cuarto en el que estaba la consola de marca Blue Puntk, con un tocadiscos y un radio de onda corta que junto con un par de sillas de alambrón completaban el decorado. Por ahí, se tenía acceso a una terraza muy amplia en la que algunos días mi hermana y yo escuchábamos una canción que era interpretada, a petición nuestra y a cambio de unas monedas, por los integrantes de una marimba.

Estaba comenzando a sentir una profunda tristeza, parecía estar contactando con dolorosos eventos del pasado y de pronto, como en otras ocasiones, el sonido del timbre me volvió a la realidad presente.

Eran las seis de la tarde y era jueves, por lo que me levanté para bajar las escaleras y recibir a Leah que me saludó con un abrazo muy fuerte a la vez que me decía: "¡No vas a creer lo que está sucediendo!"

Subimos los dos pisos hasta mi consultorio y ya sentados comenzó a platicarme lo ocurrido el día anterior, al recibir los resultados de los estudios de su mamá:

-¡¿Sabes qué?! Me dijo. ¡Mamá tiene un tumor en la cabeza y es maligno! Los médicos están sorprendidos de que no se le haya manifestado antes pues está muy extendido.

Le van a seguir realizando pruebas y otros análisis, pero hay pocas esperanzas, porque es inoperable. No saben cuánto tiempo le quede de vida, pero no creo que sea mucho. Lo que más temía está sucediendo.

¡Mamá se va a morir y yo no sé qué voy a hacer sin ella! ¿Por qué, cuando todo en mi vida se está arreglando, sucede esto? ¿Por qué a mí? ¿Por qué ahora?

Guardé silencio por unos momentos, pensando en qué sería lo mejor para apoyarla.

Todas las personas tenemos, como ya lo he mencionado, algunas partes de nuestro propio ser que no han crecido. Con esto quiero decir, que ciertos aspectos de nuestra personalidad permanecen infantiles y madurarán, de forma natural, si hoy reciben lo que ayer les hizo falta.

Como Leah tiene en su interior a una niña que fue emocionalmente abandonada por sus padres, no cuenta con la experiencia de que un adulto confiable la ayude a reconocer los sentimientos que se experimentan en una situación determinada.

Si una niña de seis o siete años escucha la noticia de que su madre morirá, surgen en ella varios sentimientos que se mezclarán. Su futuro estará amenazado y tal vez se pregunte si logrará sobrevivir.

Considerando la situación, le propuse a Leah que seguramente tenía miedo, se sentía insegura, llena de angustia y con una mezcla de impotencia, culpa y enojo. Pero a pesar de todo, le dije, te aseguro que lograrás superarlo y salir adelante:

-No estás sola en estos momentos. Muchas personas te brindarán su apoyo y su comprensión, tal vez hasta encuentres quien comparta contigo una experiencia similar. Sea como sea, sabes que cuentas conmigo aunque no hace mucho tiempo, cuando te pedí que avisaras a tus amigos del seminario de sueños que iba a dar, rompí las reglas y demandé tu ayuda. Quiero que sepas que no me había dado cuenta y lo lamento profundamente. Te pido que me disculpes por destapar tu herida y despertar tu enojo y tu dolor.

Al escuchar mis palabras, Leah comenzó a llorar y al verla sentí unas enormes ganas de abrazarla, de protegerla, de consolarla, pero eso no habría sido lo más conveniente, así que comenté:

-¡Dime si te gustaría que alguien te abrazara en este momento! Y si ese es el caso ¿Quién te gustaría que fuera?

-¡Mi papá! ¡Me gustaría mucho que estuviera aquí y me pudiese recargar contra su pecho. Creo que me sentiría protegida!

Entonces le pedí que cerrara sus ojos y que pusiera toda su atención en la respiración. Le dedicamos al ejercicio el resto de la sesión y cuando lo terminamos, ella estaba más tranquila.

La acompañé a la salida y al abrir la puerta de la calle, antes de que se fuera, le pregunté si le podía dar un abrazo, me dijo que sí y la abracé muy fuerte. De vuelta en mi consultorio, comencé a reflexionar sobre lo ocurrido.

En mi opinión, la cercanía de la muerte de un ser querido despierta en las personas toda una variedad de emociones, sentimientos e ideas. Lo desconocido toca a nuestra puerta seguido de la impotencia ya que, aún deseándolo fervientemente, nada podemos hacer para impedirle la entrada.

Si bien, desde tiempos inmemorables existe la creencia de que el alma sigue viva, no sabemos con exactitud lo que ocurre a quienes dejan este mundo. Pero si de algo podemos estar seguros, es de que con nuestros ojos jamás volveremos a ver, en el mundo exterior, a quien ha muerto.

Esta verdad es aplastante. Todo un cúmulo de recuerdos, deseos incumplidos, palabras no pronunciadas, amor inexpresado, rencores, culpas, deudas no pagadas o incobrables, anhelos frustrados y sentimientos retenidos, en fin, todo lo que nuestra alma ha guardado en el cajón de los faltantes y sobrantes, surge inesperadamente como las cascadas del deshielo. No hay tiempo que perder pero tal vez ya no haya tiempo.

Duele igual no recibir lo que se necesita de una persona en especial que no poder darle, a esa persona, lo que para ella se posee. Nuestro corazón tiene varios compartimientos, cada uno lleno de un tipo de amor, y siempre está deseando entregarlo a las personas para las que fue creado.

Por ejemplo, en el corazón de los hijos, existe un tipo de amor que sólo puede ser dirigido a los padres o cuidadores y éstos, en sus corazones, tienen un tipo de amor que nada más puede ser dirigido a los hijos, biológicos o no.

Cuando alguno de esos tipos de amor se queda sin destinatario, ocurre lo mismo que con una carta que no pudo ser entregada por el correo, éste la regresa a quien la envió.

Del mismo modo, el amor que tenía que ser entregado a una persona determinada, regresa a nuestro corazón y eso nos duele.

En algunos casos el corazón humano, de buena gana simula confundirse para entregar un tipo de amor determinado a quien con sus actitudes, se asemeja al destinatario original. Es necesario decir que con esa maniobra no siempre se obtienen buenos resultados.

Capítulo siete

Han pasado dos semanas desde que le descubrieron el tumor a la mamá de Leah. Los médicos continúan haciendo estudios y pruebas para determinar el plan de tratamiento a seguir pero esto implica disponer, por un lado, de dinero para cubrir los gastos pues no cuentan con seguro médico y, por el otro lado, de mucho tiempo.

Como Roxana, la hermana menor, tiene dos hijos pequeños a los que no puede descuidar, la que ha tenido que llevar y traer a su mamá es Leah, a pesar de que acaba de ingresar a su nuevo empleo en el que, por cierto, las propuestas que tanto la entusiasmaron se están convirtiendo en una preocupación extra.

Durante la sesión de esa semana, Leah me había dicho: "Llegó el día en que después de haber estado en reuniones constantes con el director general, quien me estaba informando de la situación de la empresa y de su idea de reorganizar el departamento de ventas, me presentaron de manera oficial a los gerentes de otras áreas y a los integrantes del equipo de ventas. En esa junta, el aire del ambiente se podía cortar con un cuchillo y la tensión se percibía claramente.

Los vendedores intercambiaban miradas y nadie daba crédito a que yo, una persona extraña, quedara al frente de una gerencia tan codiciada, principalmente, por dos de los agentes con más antigüedad en la organización y gran experiencia en el ramo.

Aunque después me enteré de que competían duro entre ellos, cuando supieron que no habían sido elegidos para el puesto, se vieron entre sí, después, voltearon hacia mí y sonrieron! ¡Desde ese momento supe que tenía dos nuevos obstáculos en mi futuro!

Por si fuera poco, hay un verdadero lío con la situación de mamá. Los doctores que la atienden, han comenzado a tener diferentes opiniones respecto al tratamiento que le proporcione mejor calidad de vida, además, papá se ha sentido peor y ahora necesita utilizar oxígeno constantemente.

Mamá ya no se puede valer por sí misma y no quedará más opción que contratar a una enfermera de planta. ¡Dinero, dinero, dinero! ¿De dónde va a salir? Estos son los momentos en los que me hace falta una pareja, no se trata de que me apoye económicamente, sino de que me reconforte con sus palabras, que me abrace, que esté ahí. Pero no es así, no tengo pareja".

-¿Cuál es la actitud que tiene Tomás con respecto a lo que está sucediendo? Sé que no es tu pareja y que lo consideras un amigo pero, me imagino que le has platicado la situación ¿O no?

-Pues en realidad no lo he visto y nada más le comenté que mamá se había puesto mal pero sin darle detalles. Estoy un tanto enojada con él pues aunque ya sé que anda fuera de la ciudad por su trabajo, creo que se podría haber tomado un momento para llamarme.

No sé por qué me enojo, pues desde que lo conozco sucede así. A veces puede desaparecer por una o dos semanas y no sé absolutamente nada de él. Creo que esa es la razón por la que no hemos podido relacionarnos más seriamente.

-¿Te molesta esa situación?

-Sí.

-¿Se lo has dicho?

-No.

-¿Tienes alguna razón para callar?

-Pues como ya sé que no vamos a llegar a nada serio, prefiero evitar roces y seguir disfrutando de los ratos en que nos vemos y platicamos muy a gusto.

-Hace unas sesiones me dijiste que no te interesaba, pero sospecho que tal vez, allá en el fondo, te gustaría tener una relación más profunda con él. ¿Me equivoco?

- Mira, la verdad es que no lo sé o no lo quiero saber. Lo que sí te puedo decir es que me atrae mucho físicamente, cuando estoy con él me siento cómoda, auténtica y protegida. Eso no me ocurre con otros hombres con los que he salido.

-¿Hay algo que te detiene a mostrarle que tienes interés en algo más que la simple amistad?

-Sucede que en alguna de nuestras conversaciones él me ha dejado ver que le cuesta mucho trabajo comprometerse con alguien. Se considera como un hombre libre y dice que cuando alguna mujer le atrae e intenta profundizar en su relación, surge el obstáculo de sus actividades profesionales que lo obligan a viajar, tan frecuente como repentinamente.

Además, me he dado cuenta de que es impulsivo y, aunque esto me gusta pues podemos irnos a cualquier lado sin planearlo con anticipación, me preocupan sus reacciones intempestivas. Aunque conmigo jamás lo ha hecho, con otros lo he visto actuar de manera muy agresiva y cuando eso pasa, me paralizo por completo y se me hace difícil reiniciar la conversación.

-¿Has platicado con él acerca de lo que me estás diciendo?

-Pues no

-¿Te gustaría decírselo?

-No estoy segura

-¿Tienes miedo de algo?

-Pues si ese es el caso, no lo tengo consciente

-¿Crees que Tomás evade el compromiso?

-La verdad pienso que sí y creo que utiliza su trabajo como pretexto

-¿Tienes alguna idea del origen de su falta de compromiso?

-Pues él me contó que hace varios años estuvo casado y que durante un poco más de dos años su matrimonio anduvo sobre ruedas. El seguía muy enamorado y lleno de ilusiones, pero tenía que viajar mucho y un día descubrió que su esposa, lo estaba traicionando con uno de sus amigos

-¿Amigo de él?

-No, de ella.

-Vaya, eso debe ser muy triste.

- ¿A mí me lo preguntas?

-Dime una cosa Leah, ¿qué te está sucediendo al platicar de este tema?

-No me gusta tu interrogatorio. Me estoy enojando

-¿Me puedes decir a qué se debe?

-Al hablar de Tomás me estoy poniendo en contacto con mi pasado y me duele. ¡Me duele mucho recordar mis fracasos, prefiero que se queden encerrados!

-Me parece que eso es lo que generalmente haces y lo que sucede es que esos recuerdos, tan dolorosos como son, te siguen lastimando al quedarse en tu interior.

También puede ser que sin estar consciente, te identifiques con la actitud de Tomás a la que tú consideras como falta de compromiso. Ya sé que eres una mujer muy responsable en el trabajo y que te gusta hacer las cosas bien, cuando decides hacerlas, pero me parece que en las relaciones de pareja tú tampoco te puedes comprometer.

Después de escuchar mis palabras muy atentamente, Leah bajó el tono de su voz, la expresión de su rostro cambió y lo que era una muestra de enojo se transformó, así lo percibí, en tristeza y dolor.

Como es muy importante comprobar si mi percepción proviene del cliente y no de mis propios asuntos, le pedí a Leah que me dijera lo que estaba sintiendo en ese momento y me contestó: "¡En verdad, por ahora ya no quiero hablar de esto!".

-¿De qué quieres hablar entonces Leah?

-Te quiero platicar un sueño que tuve anoche:

> *"Es de tarde. Estoy en una casa muy grande y se que he estado ahí antes. Mi padre me está ayudando a empacar mis ropas ya que saldré de viaje. Es raro, porque no reconozco ese sitio como mi hogar, pero se que lo es. Mi madre también está ahí y aunque no la puedo ver, pienso que tiene algo para mí.*
>
> *Le pregunto a mi padre, pero no parece escucharme por lo que salgo de la recámara para encontrarla. Bajo las escaleras, comienzo a escuchar ruidos extraños y pienso que hay una pelea. De pronto, aparece un hombre y se que él sabe algo que yo ignoro. Siento ansiedad y miedo cuando me pide que lo siga, pero lo hago".*

Como el tiempo de la sesión ya casi había terminado y el trabajo con un sueño es muy valioso en la terapia, simplemente le dije que le dedicaríamos el tiempo suficiente la próxima vez que nos viéramos. La acompañé a la salida y nos despedimos.

El tema del sueño de Leah, es el inicio del descenso a lugares de su psique en los que hay tanto recuerdos agradables como dolorosas heridas que la parte consciente de su mente ha olvidado o suprimido y en donde, además, existen imágenes y contenidos que no forman parte de su vida personal.

Este descenso a las partes inconscientes de su propio ser guiada por un hombre, es una imagen que aparece en los sueños de la mujer que ya está lista para la exploración más profunda de su inconsciente y cuyo objetivo principal, consiste en la reintegración de los aspectos de sí misma que como parte del proceso de adaptación han sido separados de su conciencia y, además, en el conocimiento y la integración de contenidos que nunca antes habían sido conscientes. Por eso este sueño es el comienzo del re-encuentro de Leah con su verdadero ser, con lo femenino profundo.

Que este tipo de imágenes surjan en la psique de Leah, como ya les ha sucedido y les seguirá ocurriendo a otras mujeres -sin importar el lugar ni la época en que vivan- es una clara evidencia de la comunicación que comienza a establecerse, entre la conciencia de la persona y los contenidos de uno de los niveles más profundos del alma humana conocido como inconsciente colectivo.

En ese nivel de profundidad, las personas ya no somos tan diferentes como cuando estamos en la parte más superficial de nuestro ser, esto es, en la conciencia (14).

Los seres humanos guardamos, con el inconsciente colectivo, una relación similar a la que los dientes de un peine tienen con la base que los une. Cada diente es una persona y el inconsciente colectivo es esa base de la que todos los dientes surgen.

Las imágenes que todos compartimos son la fuente de los mitos y las que aparecen en el sueño del caso que nos ocupa, están documentadas en el mito griego de Perséfone que dice:

> *"Hubo un tiempo en el que vivía una bella joven a la que todos querían, incluso Hades, dios del inframundo y hermano de Zeus estaba interesado en ella.*
>
> *Un día, cuando Perséfone recogía flores en la llanura de Enna, la tierra se abrió súbitamente, Hades surgió de*

la hendidura y la raptó. Solamente Zeus y el Sol vieron lo ocurrido.

Al no regresar, su madre Deméter -diosa de la agricultura y las cosechas- comenzó a buscarla y recorrió sin éxito la tierra entera tratando de localizarla hasta que el Sol, viéndola con el corazón roto, le contó lo sucedido. La diosa se enojó tanto que se retiró del mundo y la tierra dejó de ser fértil.

Sabiendo que esto no podría continuar por mucho tiempo, pues los alimentos ya comenzaban a escasear, Zeus envió a Hermes, el mensajero de los dioses, a pedirle a Hades que liberara a Perséfone.

El dios, ante las dificultades de negarse a una petición de su poderoso hermano accedió de mala gana y antes de devolverla le obsequió una granada. Cuando ella se la comió, quedó eternamente ligada al inframundo y, desde entonces, La joven tiene que pasar allí la cuarta parte de cada año y el tiempo restante puede permanecer con su madre".

Este mito simboliza, entre otras cosas, un descenso al inconsciente para renacer, por lo que su aparición en la psique de Leah -después de casi un año en el proceso terapéutico- era la señal de que ya estaba lista para adentrarse todavía más en las profundidades de su alma.

En un proceso terapéutico, la primera etapa del descenso incluye el encuentro con todo eso que se detesta en otras personas de nuestro mismo sexo, lo que incluye formas de pensar, sentir y actuar ante las que realmente nos enojamos, señal de que nos pertenecen y de que –aunque las rechazamos- son parte de nosotros mismos.

Todo aquello que es nuestro desde que nacimos y que en el proceso de adaptación quedó fuera de los contenidos de la conciencia, necesitará ser reconocido e integrado.

Esta tarea no es nada fácil y la motivación suficiente puede surgir por diferentes razones entre las cuales están: Haber sufrido largo tiempo dentro de una situación y no poder hallar la salida y la llamada crisis de la media vida, que se experimenta cuando una persona comienza a cuestionar los valores que han guiado su existencia.

Sea cual sea la razón, es indispensable hacernos conscientes y aceptar todos los defectos e imperfecciones que nos hacen simplemente humanos y desarrollar una gran dosis de paciencia, tolerancia, perdón y amor hacia nosotros mismos.

Un querido amigo mío, lo expresa más o menos de la siguiente manera: "¡Hoy que me puedo ver como en realidad soy, que acepto todo lo malo que hice y lo lamento, siento por mí una gran ternura!".

Es enorme la importancia que tiene el perdón que una persona se otorga a sí misma, para sanar la herida narcisista que en mayor o menor grado todos padecemos. Para poderse perdonar, tiene -en primer lugar- que aprender a ser testigo de sus propios actos y considerar que nadie puede ser ni completamente "bueno" ni totalmente "malo".

En segundo lugar, le conviene saber que: ¡Se odia el pecado y no al pecador! Y, en tercer lugar, reflexionar profundamente y llegar a aceptar que la perfección nos acerca a los dioses pero nos aleja de los humanos.

Leah había estado trabajando duro con la primera etapa y ahora, cuando ya una parte de su sombra había sido asimilada e integrada a su conciencia, comenzaba el encuentro con esa irresistible energía masculina que surge desde el inconsciente y obliga a una mujer a descender hacia lugares tan desconocidos como profundos de su psique.

En ciertos casos, el descenso trae consigo una depresión y aunque se debe cuidar que ésta no llegue a ser tan profunda que la psicoterapia no tenga ningún efecto -razón por la cual empecé a considerar la necesidad del apoyo de un psiquiatra- es en esos sitios oscuros y alejados de la luz de la conciencia, en donde se encuentra la información que hace falta para que, como sugiere el Dr. Jung, un ser humano, aunque tal vez no vaya a ser mejor, sí sea lo más completo posible.

Capítulo ocho

"¡Me pregunto qué he hecho tan mal como para merecer este castigo!"

Con estas palabras comenzaba Leah la sesión de ese jueves, otras cuatro semanas habían transcurrido. La expresión de su rostro y su cuerpo mostraban una gran fatiga. Prácticamente se dejó caer sobre el sillón y suspiró profundamente. Vestía unos pants color azul y la cara lavada acentuaba sus ojeras.

-¿Qué pasa Leah, qué te sucede?

-Estoy muy, pero muy cansada. No he parado en todo este tiempo. He tenido que hacerme cargo de llevar y traer a mamá casi todos los días. Si no es el laboratorio, es la cita con el doctor o el hospital de neurología. ¡Estoy harta, pero no lo puedo dejar de hacer!

En mi trabajo todo son juntas y más juntas, presupuestos, nuevos proyectos, problemas con producción, quejas de los clientes y ya comenzaron las críticas de los ex-aspirantes a la gerencia de ventas. Tampoco he tenido tiempo de ver a Tomás ni un solo día, ni siquiera los fines de semana.

Leah, le dije, te propongo que me digas más detalles de lo que sucede en tu vida, ¿te parece bien comenzar con tu mamá?:

"¡Mamá, mi pobre mamá! Pues mira, los médicos me dicen que para retrasar el crecimiento del tumor es necesario que mamá tome tres o cuatro medicinas diferentes, eso no sería mayor problema si no fuera porque día tras día la veo más confundida e irritable.

El tumor está tocando ciertos puntos de su cerebro que hacen que diga una palabra por otra y eso hace muy difícil confiar en lo que habla. También comienza a olvidar lo que hizo hace apenas unos minutos y repite la misma pregunta una y otra vez, como si no le hubieses contestado. Está ansiosa y no sé si se debe a que se está dando cuenta de lo que le pasa o a las medicinas.

Papá acaba de regresar de sus vacaciones con mi hermano y el panorama que encontró es desolador. En un momento en el que pudimos hablar sin que mamá escuchara me dijo que está muy preocupado y triste, sobre todo porque siente que no puede ayudar mucho. Ojalá que no siga creyendo que es así, yo necesito todo el apoyo que pueda obtener, de quien sea".

Las lágrimas aparecieron de nuevo en los ojos de Leah y después de unos momentos, le pregunté si había otras alternativas para cuidar a su mamá. Me dijo que ya les habían recomendado contratar alguna enfermera, pero por lo pronto no había dinero para cubrir el costo, a pesar de que el esposo de su hermana les estaba apoyando económicamente con una buena parte de los gastos de análisis y pruebas.

-¡El dinero no me alcanza y el tiempo tampoco! Para colmo de males, la situación en el trabajo se está complicando mucho. Hicimos un programa de ventas muy agresivo pues la empresa, aunque es solvente, no tiene mucha liquidez y hay retrasos en los pagos a proveedores.

No me había dado cuenta de las dificultades reales de la compañía. Hay problemas de comunicación, de autoridad y, sobre todo, de coordinación. Cada departamento hace lo que quiere y si algo sale mal se culpan unos a otros. Me estoy sintiendo rebasada y con la gran responsabilidad de salir adelante.

Estoy llegando a la empresa alrededor de las siete de la mañana y comienzo a organizar toda la actividad del día, pero como los vendedores no estaban acostumbrados a que una persona les pidiera un itinerario de visitas y nuevos proyectos, pues se están rebelando con actitudes como: ¡No me dio tiempo! ¡No hemos entregado el pedido anterior, ¿con qué cara voy?! Además, noto que comienzan a utilizar, para hablar entre ellos, términos que no conozco y tengo que disimular o rectificar, lo que despierta suspicacias y sonrisas burlonas!

Voy con el director general a informarle lo que está sucediendo, con la esperanza de que diga o haga alguna cosa pero él, simplemente me contesta, que yo estoy a cargo y que confía en que no le voy a fallar.

Para que me entiendas, he llegado a pensar que estaba mejor en mi empleo anterior. ¿Lo puedes creer?

Los comentarios de Leah son muy relevantes pues, según sus propias palabras, se está sintiendo rebasada y aunque seguramente no se ha dado cuenta todavía, es posible que en muy poco tiempo comience a hacerse cargo de las responsabilidades de otras personas.

El proceso se desarrolla de la siguiente manera:

1) El director general la convence de que ella tiene el perfil para hacerse cargo del departamento de ventas. Esto es, a primera vista, miel para los oídos de Leah pues una figura de autoridad la está valorando.

2) Leah, a pesar de su inseguridad acepta el puesto sin contar con la experiencia y los conocimientos necesarios en el ramo (papá le encarga que cuide a mamá).

3) Ella, con su faceta de cuidadora, y con mucho entusiasmo, participa en la elaboración de proyectos de venta para "salvar" a la empresa (mamá).

4) El director la presenta como la persona a cargo y despierta el enojo y el resentimiento de los empleados antiguos contra ella (Leah está orgullosa y se presionará para no equivocarse).

5) Leah ha comenzado a emplear toda su capacidad para llevar a cabo una responsabilidad que no le corresponde solamente a ella, sino que es trabajo de equipo. Todos tendrían que estar incluidos.

6) Al encontrarse con la resistencia de los otros miembros (los hermanos no la ayudan), Leah acude con el director general (papá) y éste le dice que confía en ella y que está seguro de que no lo va a defraudar. Quien la debía apoyar (el adulto), cuidar, defender y hacerse cargo de su responsabilidad (esposa) no lo hace y la labor recae en ella, lo que abre su herida.

7) Leah, se carga, sin realmente desearlo, con la responsabilidad de salvar a la empresa y con toda seguridad, como en el pasado, comenzará a enojarse mucho. Como no está acostumbrada a expresar lo que siente, es casi seguro que se esfuerce cada vez más en cumplir el encargo del director hasta quedar exhausta.

8) Leah no sabe qué hacer.

Mi labor consistía, a partir de ese momento, en apoyarla para que pudiera encontrar nuevas formas de resolver la situación. Lo primero que tenía que hacer, era cuestionarla para que tomase conciencia del proceso que ya estaba funcionando sin que se diera cuenta.

Cuando lo hice, se sorprendió muchísimo y aproveché para decirle que una cosa es entender y otra, bien diferente, es poder cambiar las actitudes que a través de los años se han utilizado sin pasar por la aduana de un proceso de pensamiento.

Después, le pedí a Leah que me dijera las razones conscientes por las que ella se estaba presionando para realizar su trabajo casi a la perfección aunque no lo lograba y su respuesta fue: "En primer lugar, siento una responsabilidad muy grande. Necesito trabajar y ganar dinero para poder salir de mis deudas y apoyar con los gastos de la enfermedad de mamá. Papá ya no está en condiciones de generar ingresos.

Si dejo de apoyarlos me llenaría de culpa y me dolería mucho verlos sufrir. No me puedo alejar. No puedo dejar de pensar en ellos.

Por otro lado, aunque esté muy enojada, no puedo darme el lujo de renunciar y, además, ya estoy cansada de cambiar de empleo, quiero estabilizarme y juntar dinero para comprar un coche y con el tiempo hasta un departamento.

Tengo un poco más de cuarenta años, no tengo nada mío y tampoco voy a heredar nada pues el departamento en el que viven papá y mamá es rentado. No hay dinero en el banco y tampoco tengo una pareja que, como muchas mujeres dicen, me mantenga. Mis hermanos ya tienen su vida hecha, están casados y tienen hijos. Yo, no tengo nada. A veces siento que he desperdiciado mi vida".

-Me estás diciendo que no tienes nada material y que el resto de tu familia tiene la vida hecha, pero no me queda claro cuando dices que has desperdiciado tu vida. Tu comentario parece una queja más que un lamento y como quiero entenderte muy bien, ¿Me quieres explicar con más detalles a qué te refieres?

-Mira, lo que pasa es que cuando veo que alguien necesita ayuda o está sufriendo por algo simplemente le trato de apoyar, de una u otra manera. No se trata de dar dinero, aunque con la situación económica de mis padres lo estoy haciendo, sino de apoyar a las personas que quiero. No importa lo que tenga que hacer si logro que estén mejor.

-Dime una cosa Leah, aunque sé muy bien que mi pregunta puede ser molesta, allá en el fondo...tal vez muy en el fondo, ¿esperas que la gente te corresponda?

-No es solo eso, sino que cuando hay ocasiones en las que yo necesitaría un poco de atención y ayuda, me suceden dos cosas. La primera es que estoy deseando que alguien acuda para apoyarme. Cuando no sucede, que es lo más común, entonces pienso que no es posible que nadie se dé cuenta de que necesito ayuda.

Siento coraje cuando veo que las personas a las que he apoyado parecen haberse olvidado de mí. También siento coraje cuando me doy cuenta de que otras gentes están muy cómodas pidiendo lo que necesitan y no sienten remordimiento por hacerlo. Yo siento pena cuando tengo que pedir ayuda abiertamente.

Leah, le dije, aquí surge un nuevo aspecto de las heridas que están ligadas a la relación con tu mamá. Cuando eras una niña y no percibiste de manera clara su amor, parcialmente en contra de tus deseos y forzada por la petición de tu padre, tuviste que cuidarla y atenderla, sacrificando, como ya lo dijiste, tus impulsos de jugar, correr y gritar como hacen la mayoría de los niños.

Tal vez para ti, que sabías que tu madre estaba enferma y podía morir, desear que te atendiera y te cuidara resultaba vergonzoso, por eso, suprimiste tus necesidades hasta que quedaron fuera de la luz de la conciencia y ocultas en la sombra.

En otras palabras, añadí, para sobrevivir a tan dolorosa situación tuviste que "olvidarte de lo que tú querías", pero el hecho de que algo haya desaparecido de tu vista no significa que dejó de existir y en este caso, como en otros muchos, ese vacío en tu alma infantil se llenó con una profunda hambre de atención y amor que se cubre, por un lado con los cuidados que les brindas a tus padres y a otras figuras de autoridad importantes y, por el otro lado, con los sentimientos de enojo y envidia que experimentas hacia las personas que piden lo que necesitan y no se avergüenzan por ello.

Le expliqué: Tu mamá Leah, tal vez no se dio cuenta o no fue capaz de cubrir tus necesidades de hija en la forma en que lo requerías y ahora, con la manera en que la enfermedad está afectando su mente, parece todavía más difícil que esto ocurra.

Aún así, tu parte niña conserva la esperanza de recibir el cariño y las atenciones, primero de una mujer y después de una figura masculina sin que tengas que dar nada a cambio, elementos que le hacen falta para cortar los lazos que la mantienen atada y le impiden seguir su propio camino.

Es la parte niña la que le proporciona a tu parte mujer el impulso para seguir atendiendo a tu madre y sacrificándote por ella, pero esa parte mujer se encuentra cada vez menos dispuesta a soportar la carga de las necesidades de la niña. Tu cuerpo Leah, ya comenzó a decirte que está cansado de ser el campo de batalla.

-La situación se complica aún más debido a que, por un lado, tu parte mujer quiere tener una pareja y, por el otro lado, tu parte niña quiere una mamá y un papá que estén ahí para ella.

Así las cosas, cuando aparece en tu vida una mujer que muestra interés en ti, por ejemplo, tu jefa anterior, la parte niña se activa, confunde a la jefa con su mamá y comienza a entregar todo lo que puede, se esfuerza por complacerla con la ilusión de obtener cariño, comprensión y reconocimiento pero, al mismo tiempo, tu parte mujer rechaza tener que seguir sacrificándose por quien -de la misma forma que tu madre hizo- te exige demasiado. Esto significa que rechazas a tu ex-jefa y también a tu parte niña.

La actitud de exigencia ilimitada de tu niña está proyectada en otros y fuera de tu conciencia Leah, pues hay momentos en los que al identificarte inconscientemente con tu madre exiges, justo como ella, atención y cuidados sin límites, situación que se hace más evidente si es un hombre el que demuestra estar interesado en ti.

Apenas lo conoces, Leah, buscas en él una serie de cualidades que consideras importantes y si las encuentras, se convierten en tu justificación para conquistarlo mostrándole tus mejores atributos y fingiendo otros.

Cuando percibes que el hombre está más interesado, comienzas a solicitar el cumplimiento de algunos deseos para comprobar que sí eres alguien importante para él. Si tus deseos se cumplen, surge el aspecto voraz de tu parte niña que exige, cada vez con más energía, que todos sus gustos y caprichos sean satisfechos.

Si esto no ocurre, esa parte niña se enoja y hace un berrinche del que, aún estando consciente la parte mujer, nada puede hacer para evitarlo. En ese momento, el hombre se siente presionado por la excesiva demanda de atención y se aleja.

Simulando no darte cuenta Leah, sabes muy bien lo que ocurre y por eso al inicio de la relación, tu parte mujer trata de complacer al máximo pues de esa manera no tan sólo te aseguras de que él no te abandonará, sino que serás muy atractiva a sus ojos.

Por otro lado, tú sabes que tarde o temprano será descubierta esa parte niña que está deseosa de mostrarse y que detecta el creciente interés del hombre, por eso, al avanzar la relación aumentan tus dificultades para esconderla hasta llegar al punto en el que "necesitas" encontrar fallas en tu pretendiente. Tienes la creencia de que si se da cuenta serás rechazada.

La decepción que comienzas a experimentar, es parte de la maniobra defensiva pues cuando la niña capta el estado anímico de tu parte mujer, regresa de nueva cuenta a su escondite y ahí espera a que surja otra oportunidad. La parte niña puede ser muy cruel desde el punto de vista de la conciencia de la parte mujer.

Leah, conviene imaginar una manera en la que esas dos partes tuyas se comuniquen pues hasta ahora han estado viviendo en conflicto, debido a que cada una trata de satisfacer sus necesidades sin tomar en cuenta las consecuencias que su actitud tiene en la otra. Tiene que establecerse un diálogo y conviene que las dos voces se escuchen.

- ¿Hay algo que pueda hacer?

- En realidad hay que esperar a la señal de tu inconsciente, por difícil que pueda parecer.

Estamos acostumbrados a hacer lo que podemos para tratar de resolver un conflicto, pero la mayoría de las veces la solución deja fuera o al menos muy insatisfecha a una de las partes en oposición.

Si tenemos un ego lo suficientemente fuerte como para poder esperar sin tomar partido y aún soportar la lucha interna entre, por así decirlo, el diablito y el angelito que quieren convencernos, surgirá desde el centro de nuestra psique una solución que tomará en cuenta los intereses de los dos polos del conflicto. El Dr. Jung define a este fenómeno como la función trascendente (15).

Capítulo nueve

Es jueves y la mañana está nublada y fría. Una de esas rachas de mal tiempo que se dan en el Golfo de México estaba, desde anoche, afectando la capital del país.

Había cesado de llover y el asfalto seguía mojado, lo que hace que los automovilistas tomen más precauciones y con ello el tráfico sea más lento. De cualquier manera, como estamos a mitad de las vacaciones de verano y mucha gente se ha ido a otros sitios a disfrutar del descanso, es increíble descubrir la enorme cantidad de tiempo que pasamos en el carro los que vivimos en esta ciudad.

Ojalá siempre pudiera, como hoy, cubrir en veinte minutos la distancia que hay de mi casa al consultorio, pues aunque vivo relativamente cerca, el tiempo que invierto en el trayecto es normalmente el doble y aún así soy afortunado ya que puedo ir a comer a casa cuando menos tres días de la semana.

Mi esposa come hoy, como todos los jueves, con sus dos mejores amigas. Han formado una relación bien profunda y pudieron ser inspiración de Alejandro Dumas en cuanto a que, efectivamente, son todas para una y una para todas.

En ocasiones he tenido envidia de una amistad tan duradera. No soy alguien que tenga muchos amigos sino que, más bien, soy un tipo solitario, pero eso no significa que me aburro sino que puedo estar, como todo buen introvertido, concentrado en la reflexión y el desarrollo de mis propias ideas.

Una de ellas me ha conducido a la conciencia de que a los seres humanos nos resulta prácticamente imposible dejar de ser quienes somos, aunque en el trayecto de la vida haya que pagar un precio elevado por serlo o por negarlo. Las consecuencias parecen diferentes pero tal vez no lo son tanto.

El alma sufre cuando alguno de los aspectos que la conforman no tiene un lugar o una forma de expresión en el mundo externo. A los humanos nos ha sido conferida tal labor, somos el medio por el que el espíritu se puede materializar, de tal manera que, por así decirlo, los dioses nos necesitan.

Es importante aclarar que ser separados del estado de inconsciencia original, equivale a ser desterrado del paraíso y una de sus principales consecuencias, es que los seres humanos nos hagamos conscientes de los diferentes aspectos de esa energía primordial que contiene todo en sí misma y de la cuál hemos surgido.

De cierta manera, es una oportunidad para comprobar nuestra semejanza divina y, además, es la forma en la que el Sí-Mismo confirma su existencia eterna.

Ahora bien, resulta asombroso darse cuenta de que las deidades del Olimpo fueron creadas por los hombres griegos y que ese acto refleja la necesidad de los seres humanos por sentir el apoyo de algo que esté más allá de su existencia personal y, de cierta manera, el afán por controlar a los instintos con toda su naturaleza.

Los griegos, influenciados por las energías patriarcales, escogieron a una determinada diosa de la civilización egipcia y de entre todas sus características, seleccionaron aquéllas que les eran de mayor utilidad. Así crearon una nueva divinidad dejando a los humanos, todas las características que no les beneficiaban en sus planes y con el paso de los años, mucho de lo que en la antigüedad era tan normal como permitido, se convirtió en pecado.

Las energías patriarcales, a través de los hombres, utilizaron esa maniobra y, sin duda, en la mente de los dioses olímpicos hubo consecuencias por increíble que parezca, pero resulta todavía más interesante corroborar los efectos con que esa disociación de energía se expresa, hoy en día, en la psique de los seres humanos.

Uno de los casos más reveladores es la historia de Atenea pues en ella se muestran con toda claridad los efectos de la desintegración, principalmente en la forma de relacionarse con los demás, que no es otra cosa que un reflejo de sus relaciones intrapsíquicas (16) en las que se puede apreciar el aislamiento, el rechazo, la condena y el castigo de la diosa para ciertos aspectos de ella misma.

Por ser la hija de Zeus, el principal patriarca, y no poder dejar de ser quien es, Atenea proyectó todos los aspectos femeninos que no eran útiles al movimiento energético patriarcal en las humanas que, con sus actitudes, le mostraban eso que le fue arrancado de su naturaleza femenina original.

La desintegración de lo femenino comenzó hace varios miles de años y para documentar mi dicho utilizaré una parte de la investigación realizada por Katherine Griffis-Greenberg en la que expone:

"En el antiguo Egipto, existía una energía femenina a la que llamaban Neith y era la omnipotente diosa triple que representaba el principio, el final y el más allá...En un templo dedicado a ella en Sais, hay un texto que dice: Soy todo lo que ha sido, todo lo que es y todo lo que será. Ningún mortal ha sido capaz de alzar el velo que me cubre...Neith era una diosa con muchos roles. En los períodos predinásticos y en los del comienzo de las dinastías faraónicas, era conocida como: La que abría los caminos, lo que pudo referirse no solamente a su liderazgo en la caza y en la guerra, sino como el psicopompo (17) entre el cosmos y el inframundo...Ella era la diosa del cielo ilimitado y nunca visto...Ella es el principio mismo de la vida y la creadora del mundo, lo que hizo sin necesitar de nadie más...Ella en sí era todo y los textos la describen como una energía que poseía los dos géneros...No debe ser vista como la diosa madre original, sino como una deidad andrógina que crea el mundo por la auto-generación. La historia egipcia indica que ella no es como esos dioses que actúan después de emerger del vacío, sino que Neith es la representación del primer acto consciente de la creación a partir del vacío...Ella es el principio de la creación y existe en un lugar más allá de lo que los dioses conocen...Ella está presente en la fase formativa y en el desarrollo del ser humano antes de su nacimiento. Neith es la deidad que contiene los poderes del inicio del tiempo...Lo que sucedió con ella es que los griegos, al importarla a su nación, la dividieron en tres partes: Atenea, Metis y Medusa". (*THE GUIDING FEMININE*, Goddesses of Ancient Egypt, *Neith: Ancient Goddess of the Beginning, the Beyond, and the End,* 1997, England*)*.

La primera fue investida con las características que más le convenían a las energías patriarcales entre los griegos, esto es, Atenea es la diosa de la sabiduría, de la guerra, las artes, la industria, la justicia y las habilidades. Metis, fue convertida en su madre y Medusa en su enemiga.

Mi propuesta es que de la misma forma en que una energía vital tan poderosa, que durante miles de años estuvo simbolizada por la imagen de la Diosa Neith, fue fragmentada por los griegos como parte de la dominación de lo patriarcal, así ocurre cuando un ser humano es separado de su verdadera esencia.

Atenea, para sobrevivir en un mundo con nuevas reglas tuvo que abandonar, suprimir y aún condenar aspectos de lo femenino que antes estaban reunidos en su conciencia. En su caso, la lealtad a sí misma, a la sensualidad, la libertad de expresión, la autonomía, el orgullo sano y la capacidad de enfrentar a la autoridad en buena lid y aún vencerla. Esos son los rasgos que tuvieron que ser sacrificados y condenados a vivir en un sitio oscuro del inconsciente de la diosa.

A las mujeres, tal vez con mayor frecuencia que a los hombres, les sucede lo mismo cuando por la voluntad de alguna autoridad de tipo patriarcal y para sobrevivir, tienen que abandonar aspectos de su personalidad que en el nacimiento formaban parte de su ser.

Para exponer más claramente mis ideas, recurriré a los mitos griegos que narran la aparición de la nueva Atenea y su posterior encuentro con Medusa y con Aracné. En ellos se puede apreciar el origen de la nueva Diosa y la forma en la que rechaza, condena y castiga los aspectos femeninos que antes formaron parte de la conciencia de la Diosa Neith, arrojándolos a la sombra y proyectándolos (18) en las mujeres humanas, sin reconocer que en su inconsciente seguían siendo parte de ella misma.

Cuenta el mito griego:

> *"Zeus había conocido a Metis, una bella mujer con la que se relacionó y a la que embarazó. El dios, como generalmente hacía, acudió al oráculo y éste le dijo que debía cuidarse de un nuevo ser que al llegar al mundo le quitaría su reino. Zeus, optó por comerse a Metis y al producto que se hallaba en el vientre de ella para protegerse.*

El tiempo siguió su curso hasta que, un día, Zeus comenzó a sentir un extraordinario dolor de cabeza al que nada podía aliviar. Era tal el malestar del dios que su hijo Hefesto, el herrero del Olimpo, acudió ante Zeus y tomando un hacha entre sus poderosas manos, propinó un tremendo golpe en la cabeza del dios.

De la hendidura surgió una bella mujer de más o menos veinte años de edad con el cuerpo cubierto de una brillante armadura que, en el pecho, mostraba la imagen de una mujer con la lengua de fuera y la cabeza llena de serpientes".

Tal es el origen de la Atenea griega y respecto a Medusa, el mito dice:

"Era una mujer joven extremadamente hermosa, tan hermosa que su belleza competía con la de la propia Atenea. Por encima de todo, su cabello era esplendoroso.

Con todos estos atributos, muchos hombres -y aún algunos dioses- tenían interés en obtener sus favores. Ella, no hacía caso a ninguno.

Un día, Medusa se encontraba en el templo de Atenea haciendo oraciones a la diosa cuando de pronto apareció Poseidón, dios de los océanos y hermano de Zeus. Sin perder el tiempo, el dios violó a Medusa y antes de que ésta se pudiera reponer siquiera de lo sorpresivo y violento del abuso, llegó Atenea quien sin preguntarle lo que había sucedido y ocultando su rostro detrás de su escudo, la condenó y la maldijo convirtiendo la suave piel en una gruesa capa de escamas verdosas.

La voz ya no salió más de la boca de Medusa sino en forma de gritos y palabras ininteligibles.

Su hermosísimo cabello, fue transformado en una masa de serpientes y, por si fuera poco, Atenea le concedió el poder de convertir en piedra a todo aquél que se atreviese a mirarla a los ojos directamente.

Muchos hombres fueron enviados a terminar con la vida de Medusa pero, uno a uno, fueron convertidos en pétreas estatuas".

Acerca de Aracné, el mito la describe así:

"Era una joven tan bella como talentosa, pues tenía una extraordinaria habilidad para tejer. Muy orgullosa de su capacidad presumía por doquier y de esa manera su fama llegó a oídos de Atenea.

Tejer era una habilidad de la diosa y un día, cansada de escuchar las historias de Aracné y sus tapetes, se disfrazó de anciana y bajando a la tierra se acercó a la doncella para aconsejarle que en lugar de presumir, le convenía dar gracias a quien le había concedido ese don, esto es, a la mismísima Atenea.

La joven se rió y dijo que estaba tan segura de su capacidad que de hecho buscaría a la diosa para retarla a una competencia de tejido. En ese momento, Atenea dejó su disfraz y encaró a la joven quien lejos de amedrentarse sostuvo su reto.

El día de la competencia llegó y Atenea tejió un tapete lleno de colores y hermosas figuras que describían los actos de aquéllos que habían hecho enojar a los dioses, mientras tanto, Aracné decidió contar en el tejido de su obra, las historias de infidelidad y traición de los dioses del Olimpo, incluyendo al propio Zeus.

Ovidio, en el libro VI de la Metamorfosis cuenta:

"Ni Palas (Atenea) ni la Envidia podían reprochar aquella obra. La rubia y varonil doncella se dolió del éxito y rasgó la bordada tela en dónde aparecían las faltas de los dioses...por tres o cuatro veces golpeó la frente de Aracné. La infeliz no soportó aquello y con decisión se ahorcó... Compadeciéndose Palas, suavizó el cruel destino y le dijo: Vive, miserable, pero siempre suspendida, y esa misma ley

*de castigo que te impongo, para que no te veas segura en
el futuro, alcance a toda tu raza hasta tus últimos nietos.
Después, al marcharse, la rocía con los jugos de una hierba
de Hécate y los cabellos, al contacto de la fatal ponzoña,
cayeron en seguida y con ellos la nariz y las orejas. Su cabeza
se hace pequeñísima, así como también todo su cuerpo. A
sus costados se le adhieren como unos endebles dedos en
lugar de piernas y todo el resto es un vientre". (Ovidio, Las
Metamorfosis*, pp. 78, Editorial Porrúa, 1999, México).

Tal fue el destino de Medusa y Aracné, y por consiguiente de esos aspectos femeninos que ellas simbolizan.

Los instintos no tienen conciencia y parece que los dioses son puro instinto. Sus actos son automáticos y la reflexión solamente conduce a la justificación de esas conductas. Por ese motivo, resulta claro que rechazar partes de uno mismo va más allá de un mero proceso consciente de adaptación, puesto que dudo que haya sido un acto de la voluntad consciente de Atenea maldecir y condenar tanto a Medusa como a Aracné, sobre todo sin dejarlas pronunciar una sola palabra en su defensa. Tal vez este es el origen del silencio auto-impuesto.

Me pregunto cómo habría cambiado la historia si Atenea le hubiese permitido a Medusa hablar, pues se habría enterado que la joven mortal había acudido a su templo para adorarla.

Medusa le pudo haber dicho que la necesitaba, que la extrañaba pues quería otra vez sentirse completa. Que Poseidón la había violado sin que existiese provocación alguna por parte de ella. Que su pecado residía en la sensual belleza que la naturaleza le había otorgado y que estaba esperando que ella, Atenea, siendo una diosa la comprendiera y la consolara, haciéndose solidaria con ella y exigiendo que el dios pagara un precio por el abuso cometido, pero no sucedió así.

Como este impulso para reintegrar los aspectos que por conveniencia del patriarcado fueron disociados de la conciencia de la diosa, la condena a Medusa es un ejemplo de la manera en la que una persona rechaza todas esas cualidades que en el principio le pertenecían y que poco a poco, fueron desapareciendo y conformando la sombra.

Para estar completa, la diosa tendría que haber reconocido e integrado todas esas cualidades, pero hacerlo habría significado perder su imagen y abandonar el nuevo rol que le había sido impuesto.

En la misma dirección está el encuentro entre Atenea y Aracné pues ésta le mostró a la diosa la confianza de una persona en sí misma al grado de desafiar a la autoridad patriarcal, pero también es un reflejo de las consecuencias que tiene, para un ser humano, sentirse tan seguro como para desafiar las reglas sociales contenidas en el deber ser.

De haber podido cambiar, la diosa, tendría que haberse rebelado contra las energías patriarcales y su autoridad, dejando a un lado el papel de protectora de lo masculino y de los hombres, al menos en el sentido acostumbrado, para recuperar toda la feminidad que le había sido robada.

Por eso es de suma importancia que los seres humanos tomemos conciencia de la mayor cantidad posible de esos aspectos que por la socialización rechazamos como parte de nuestro ser, sabiendo que es conveniente mantener la suficiente humildad para dejar a los dioses en su lugar y no competir con ellos.

De acuerdo a las reglas de la sociedad patriarcal los seres humanos tenemos que reconocer nuestras limitaciones, obedecer y agradecer lo que se nos ha dado aunque en el principio ya fuera nuestro puesto que, si osamos compararnos con los dioses seremos condenados y todas nuestras características humanas serán borradas.

Sea como sea, queda descrito lo que sucede cuando una persona es obligada a abandonar ciertas partes de su naturaleza y como surge, desde lo más profundo del alma, el impulso que la motiva a convertirse en lo que ya era.

Cuando llega el momento adecuado, esto es, cuando la persona ya está lista a enfrentarse cara a cara con su sufrimiento, se desata la lucha entre el ego y la parte central de nuestra personalidad en la que, con una esperanza decidida, el primero será derrotado, a pesar de todas las resistencias y neurosis.

La alternativa es "entregarse lo más posible" y permitir que los mensajes de ese centro de la personalidad, al que se conoce como el Sí-Mismo nos afecten y con ello ocurran los cambios que conducirán al ser humano a tener conciencia de cómo tiene que caminar por el sendero de regreso a su ser original.

La individuación es un camino cuyo destino final es el origen, dura toda la vida y se alcanza totalmente con la muerte.

Capítulo diez

Ese jueves, después de subir al consultorio, Leah comenzó a platicar acerca de su trabajo y me dijo:

-¿Qué crees que me pasó? Pues resulta que llegué el lunes muy temprano ya que tenía varios pendientes. Como a las ocho y media, el director general al pasar frente a mi oficina me dijo que habría una junta muy importante y que nos reuniríamos una hora después. ¡Jamás me imaginé lo que iba a suceder!

A la hora indicada me dirigí a la sala de juntas y ya se encontraban ahí el gerente de producción, la de personal y el de finanzas. Un momento después entró el director general y venía acompañado de una mujer alta y guapa con estilo de ejecutiva.

Sin mayor preámbulo, el director comenzó diciendo: ¡Les quiero presentar a la nueva directora de ventas! Algunos ya la conocen, pues hace algunos años ella trabajó aquí. Varios puestos van a desaparecer y es que la empresa necesita de una persona con mucha experiencia en ésta área y que conozca a fondo los productos que vendemos.

La mujer se presentó y nos saludó de manera muy cordial. El director le dijo quién era yo y el puesto que estaba ocupando, a lo que ella respondió que con toda seguridad haríamos un buen equipo. Me quedé muy tranquila aunque al mismo tiempo estaba sorprendida.

Los siguientes dos días transcurrieron sin novedad, pero la mañana del miércoles, o sea, ayer, me llamó el director general a su oficina y cuando llegué se encontraba ahí la directora de ventas. Me pidieron que me sentara y él me dijo: "Leah, he decidido que desaparezca la gerencia de ventas pues necesitamos ahorrar, además, Aurora, que así se llamaba esta mujer, tiene mucha experiencia y podrá hacerse cargo del departamento.

Por lo pronto, te mantendremos tu sueldo, pero como comprenderás, no es posible seguirte pagando esa cantidad. Sabemos que necesitas el trabajo y que dejaste tu empleo anterior para incorporarte a nuestra empresa, por eso te hago el ofrecimiento de que mientras te entrenas por dos meses, te pagaremos el sueldo actual y después, te incorpores a la fuerza de ventas. Tendrás un sueldo base y comisiones sobre lo que vendas. ¿Tienes alguna pregunta o comentario?".

Yo estaba tan sorprendida que no pude articular palabra alguna. Lo único que pude hacer fue decir "con permiso" y retirarme a mi oficina.

-Simplemente no doy crédito, no lo puedo creer todavía.

Las lágrimas asomaron a sus ojos y poco después corrieron por sus mejillas:

-¡¿Por qué?! ¡¿Por qué me pasa esto?! ¡Parecía que mi vida se estaba comenzando a componer, pero estaba equivocada! ¿Qué voy a hacer? ¡Tengo ganas de mandar todo al diablo, pero ni siquiera me puedo dar ese lujo! No puedo renunciar en este momento, no tengo ganas y tampoco tengo fuerzas para buscar otro empleo. ¡Ya no puedo más, ya no puedo más!

Aunque puede parecer increíble y hasta despiadado, hay momentos que se tienen que aprovechar en terapia para el beneficio de los pacientes. De tal manera que cuando dejó de llorar, le dije que era difícil intentar comprender lo que estaba sucediendo y mucho menos tratar de explicarlo.

En verdad que hay ocasiones en que todo se derrumba y aparecen la desolación y el desamparo, dos sentimientos que Leah conoce muy bien.

Así comencé:

-Dime, después de que ya han transcurrido varias horas de lo que sucedió, ¿puedes dedicar unos momentos para pensar en lo que te habría gustado decirle al director general y, tal vez, si querrías haber hecho algo en particular?

-La verdad es que no sé, me siento muy cansada. No tengo ganas de pensar en nada, simplemente quisiera quedarme dormida y ni siquiera estoy segura de que me gustaría volver a despertar.

-Está bien Leah, entonces te propongo que te acomodes y que utilicemos el tiempo restante de la sesión para hacer un ejercicio, ¿de acuerdo?

-De acuerdo.

-Bien, cierra tus ojos y pon toda la atención en tu respiración, lo único que tienes que hacer es dejarte percibir como el aire entra y sale a través de tu nariz o de tu boca...tal vez de las dos...y es posible que notes cuando comiences a estar en ese estado de trance en el que todas las personas estamos varias veces durante el día, pero también es correcto si pasa desapercibido pues son cosas que están más allá de nuestra decisión consciente.

Cuando se está en trance, la parte inconsciente de la mente se pone más en contacto con el mundo de afuera y por eso, surge información a través de imágenes, de sensaciones corporales, de ideas, de recuerdos, de olores o del recuerdo de sonidos y aún de alguna melodía. Todo está bien y cada vez estará mejor, pues con cada respiración, allá dentro de ti, ya se comenzaron a acomodar todas las cosas que pudieron revolverse con las experiencias emocionales tan intensas que habías estado experimentando.

Pero ahora...todo se está acomodando y cada vez que tú respiras, también se está transformando cualquier cosa que tenga que ser transformada para que se incremente tu bienestar y disfrutes de tu vida y del futuro que apenas va a llegar...igual que está a punto de llegar esa nueva respiración. Así es que te puedes despreocupar mientras tu respiración realiza todo el trabajo que, por cierto, disfruta tanto hacer. Te pido que abras todos tus sentidos y simplemente estés lista para percibir lo que ocurra y si quieres decir o comentar lo que está comenzando a suceder dentro de ti, pues adelante.

Después de dos o tres minutos, Leah comenzó a narrar lo que sucedía en su interior: "¡Está apareciendo la imagen de una niña como de siete u ocho años, es más, creo que soy yo pues reconozco el vestido que trae puesto!".

-¿Qué está haciendo Leah?

-Está sentada y tiene una muñeca en sus piernas, la está acariciando o no, más bien la está peinando con un pequeño cepillo. Le está cantando una canción y la cara de la muñeca está muy triste, parecería que está llorando.

-Sigue respirando así Leah, lo estás haciendo muy bien...muy bien...

-La muñeca ha dejado de llorar y está apareciendo una mujer muy guapa y morena que se dirige hacia nosotros. Sé que es algo mío, como alguien cercano, pero en realidad no la conozco ni la recuerdo.

-¿Hay alguna sensación o algún sentimiento al ver a esa mujer?

-Mi corazón está latiendo con más fuerza y mis manos están sudorosas. Me estoy sintiendo angustiada y un poco temerosa.

-Sigue respirando así Leah, y deja que sea tu propia respiración se haga cargo de arreglar, acomodar y transformar lo que sea necesario.

Si te parece buena idea, te puedes relajar...deja todo en manos de tu respiración...despreocúpate y sigue respirando y observando lo que ocurre...estarás de acuerdo conmigo acerca de que en el interior pasan cosas extraordinarias...

Después de unos momentos, le pregunté a Leah qué estaba sucediendo y me dijo:

-¡Esa mujer está cada vez más cerca pero la sensación de angustia está desapareciendo, me estoy sintiendo segura y sé que ella puede ser amigable! Trae algo en la mano, pero no alcanzo a ver qué es. Se coloca a mis espaldas y me siento muy cómoda y tranquila...ahora me está cepillando mi cabello con mucha suavidad y cariño...

Leah comenzó a llorar y ya no pregunté a qué se debían sus lágrimas en ese momento, sino que decidí esperar a que me contara lo que había experimentado.

Cuando sus lágrimas cesaron, le dije que ella se daría cuenta de que todo ya estaba en su sitio, lo que ocurre cuando se experimenta una sensación de tranquilidad...y que entonces tomara dos respiraciones profundas para después muy lentamente abriera los ojos.

Así lo hizo y esperé unos momentos, entonces le pregunté:

-¿Cómo te imaginas que es esa mujer morena a la que viste acercarse? ¿Me puedes decir qué es capaz de hacer? Ya sé que dijiste que es curioso, pues la conoces y no la conoces, pero es muy importante que le dediquemos un poco de atención y me digas lo que piensas de ella sin preocuparte por encontrar razones que justifiquen lo que tú crees de esa mujer.

-¡Está bien, lo voy a intentar! Creo que es una mujer muy altiva y segura de sí misma, que defiende sus derechos y que dice lo que piensa, pero sin enojarse, además de que se mueve con facilidad. Creo que es muy enérgica y que puede pedir lo que necesita de los demás pues sabe que lo merece. Puede ser egoísta y cuidarse a sí misma pero también puede ser muy cariñosa y tierna. Es sensual.

-Leah, me gustaría saber qué sensaciones y sentimientos estabas percibiendo cuando comenzaste a llorar.

Después de unos momentos me dijo:

-¡Sentí muchas cosas y me parece que lo primero fue una sensación de seguridad, de protección de mucho cariño. Me sentí íntimamente relacionada con esa mujer, era como si nos conociéramos desde mucho tiempo atrás y ahora estoy recordando que, cuando ella comenzó a cepillar mi cabello yo era una niña, pero después de varias cepilladas me pude ver como hoy, ya era una mujer. Sentí una especie de nostalgia y, al mismo tiempo, una gran alegría mezclada con tristeza cuando me dijo que tenía un cabello muy bonito!

Leah, le dije, no quiero interferir en lo que estás experimentando en estos momentos y, además, el tiempo de la sesión se terminó. Te pido que te lleves esas imágenes y que prestes atención a los sentimientos y las ideas que puedan surgir, toda vez que en tu inconsciente se continuarán cocinando nuevos elementos que están llegando a tu conciencia, a través de algún sueño o de los ejercicios que estamos realizando. La acompañé a la salida y nos despedimos.

Mientras cerraba la puerta pensé en lo increíble de la manera en que el inconsciente le está proporcionando a Leah una imagen de lo que le hace falta recibir para después integrarlo en su conciencia.

Por un lado, esa mujer morena representa, sin lugar a dudas, un aspecto de su sombra, pero además, un elemento maternal muy femenino que surge desde lo profundo de la psique de Leah, que la ve y la alaba. Con la actitud de cuidado y de cariño al cepillarle el cabello, esa mujer permite que Leah experimente sentimientos que comienzan a llenar el vacío que le dejó la relación con su madre y con ello, se comiencen a cerrar viejas heridas. El diálogo se está fortaleciendo.

Cuando Atenea tuvo que enfrentarse a ciertos aspectos de su sombra que habían quedado ocultos a su conciencia, ella, simplemente no pudo retirar la proyección y por lo mismo, tampoco le fue posible integrarlos nuevamente a su ego. Atenea, los rechazó, los enjuició unilateralmente y los condenó.

Es muy importante que Leah, con el apoyo de la terapia, sea capaz de reconocer otros aspectos de sí misma que rechaza -y que solamente puede ver proyectados en otras mujeres- sin experimentar una culpa excesiva y sin condenarse a sí misma.

Para poder avanzar en el fortalecimiento de un ego capaz de observar, analizar y tomar las mejores decisiones para la persona, se requiere de ésta mucha curiosidad y sobre todo, de una enorme dosis de aceptación al descubrir que solamente es un ser humano, lo que es verdaderamente afortunado.

La ventaja que nosotros tenemos sobre los dioses es que a ellos les asignaron un papel que no puede ser alterado. Los dioses no pueden dejar de pensar lo que piensan ni dejar de sentir lo que sienten, mucho menos dejar de actuar como actúan, pero los seres humanos sí podemos cambiar y encontrar el camino de regreso. En mi opinión bien vale la pena el esfuerzo.

Capítulo once

Hay momentos en la vida en los que parece que tantas cosas negativas están sucediendo que ya nada peor puede ocurrir, pero pronto nos damos cuenta de que las circunstancias del mundo exterior siguen afectándonos y es realmente poco lo que podemos hacer para modificarlas.

Llegan el cansancio, el enojo, la impotencia, la tristeza y la desesperanza hasta que, finalmente, la lucha comienza a cambiar y ya no estamos batallando contra el exterior, sino contra nosotros mismos. La depresión se acentúa y ahora simplemente se trata de cómo vamos a sobrevivir.

Para Leah las cosas no fueron diferentes, pues tuvo que aceptar el ofrecimiento de recibir por dos meses su sueldo de gerente de ventas, sabiendo que al finalizar ese tiempo formaría parte del grupo al que apenas había comenzado a dirigir.

Muchas dudas e ideas amenazadoras comenzaron a revolotear, como avispas de un panal, en la mente de Leah respecto a su empleo: ¿Podré? ¡Nunca he sido vendedora! ¿Seré capaz de conservar mi trabajo? ¿Tendré tiempo para mamá? Estas eran algunas de las interrogantes que a cada paso se interponían entre ella y su tranquilidad, aumentando la incertidumbre que, para Leah, era una vieja conocida.

Por otro lado, la salud de su madre siguió deteriorándose y con ello se incrementó el número de visitas a médicos, laboratorios y por consiguiente aumentaron todos los gastos y la cantidad de tiempo necesaria para trasladar a su mamá de un lado a otro. Leah estaba llegando a su límite tanto física como emocionalmente.

Durante este período, Tomás comenzó a darle mucho más apoyo del que Leah había esperado. Su presencia se hizo constante y la comunicación fluyó suavemente entre los dos. Cuando sus trabajos lo permitían, pasaban el tiempo juntos, incluso llevando y trayendo a su madre enferma.

El le dijo que hacía mucho tiempo que no se había interesado de tal forma por una mujer, que estaba dispuesto a arriesgarse de nuevo y entregarle su corazón. De hecho le propuso que buscaran un departamento para vivir juntos, lo que a Leah le agradó pero al mismo tiempo, llenó de inquietudes.

Cuando este tema apareció en la terapia, le pregunté las razones de su preocupación y me dijo que había algo que no le permitía estar convencida y es que Tomás bebía mucho en ocasiones.

Platicamos ampliamente del asunto y de lo que puede implicar relacionarse con alguien que tiene una adicción al alcohol. Así, acordamos que le convenía hablar con Tomás con calma y amplitud, para sondear lo que él pensaba de su manera de beber.

Cuando después de dos o tres sesiones el tema volvió a surgir, Leah me contó que habían hablado largo y tendido sobre la forma en que él bebía y Tomás le respondió que si ella quería que dejara de beber, lo haría con gusto.

La previne entonces pues cuando existe un problema de adicción, la fuerza de voluntad sirve para muy poco y si no se atiende, al cabo de un tiempo la persona irremediablemente volverá a utilizar la sustancia de su preferencia. Las adicciones no son asunto de falta de voluntad o de valores morales, son una enfermedad.

Leah no estaba muy convencida de mi punto de vista puesto que, para ella, el ofrecimiento de Tomás le reafirmaba la importancia que para él tenía su relación y le comenté que la entendía muy bien pero que ni siquiera tenía que creerme, pues el paso del tiempo se encargaría de mostrarle la realidad.

Pasaron los días y se convirtieron en semanas y éstas en los dos meses siguientes en la vida de Leah. Lo que voy a narrar a continuación, son los sucesos ocurridos en ese lapso, comenzando por el hecho de que después de una lucha interna muy fuerte con sus sentimientos de culpa, decidió salirse de casa de sus padres y vivir por su propia cuenta.

Para ello contó con el apoyo de Tomás, quien ante la negativa de Leah de vivir juntos por el momento, le propuso que alquilara un departamento y que ella podría estar en él todo el tiempo que necesitara sin tener que pensar en cómo pagar la renta pues la pagaría él mismo hasta que ella pudiera hacerse cargo.

A pesar de este cambio, Leah seguía profundizando en su estado depresivo y comenzó a expresar en terapia sus deseos profundos de irse a dormir y ya no despertar.

Cuando esto ocurre, es muy importante que el espacio terapéutico sirva para platicar ampliamente de lo que sucede en el interior de la persona y de si en realidad está pensando en terminar con su vida.

En ocasiones es más o menos sencillo que el paciente describa sus sentimientos y aún la forma en la que ha planeado llevar a cabo su intención de suicidarse, pero hay otras veces en las que simplemente no dice nada.

Ese silencio es realmente peligroso.

En este punto, es vital comprender que lo que la persona quiere es un cambio de vida, en otras palabras, quiere "acabar con su vida" y es por eso que cuando ya lo ha intentado casi todo y nada le resulta, llega a pensar en el suicidio. Pero existe una regla psicológica que dice: "Lo que se habla no se actúa".

Así las cosas le pregunté a Leah si ella quería terminar con su vida y me dijo que no.

De todas formas platicamos de los momentos en que es necesario recibir ayuda de algunas fuentes externas, pues cuando el estado depresivo es muy profundo, las terapias psicológicas difícilmente funcionarán.

Aceptó la posibilidad de tomar algún medicamento, pero para ello tendría que acudir al psiquiatra y con las circunstancias económicas que estaba enfrentando, era prácticamente imposible.

Por eso la terapia tuvo que continuar con lo que teníamos, la confianza, la esperanza, el deseo de vivir de una manera diferente y por encima de todo, su Sí-Mismo.

El tiempo siguió su marcha y Leah se fue adaptando poco a poco a las nuevas funciones de su trabajo, a las que comenzó a apreciar y de las que comentaba: "¡Me entusiasma descubrir que tengo habilidades para vender los productos sin saber a fondo todas sus características! ¡Se está comenzando a abrir una ventana nueva en mi vida!

Además, he podido hacer una relación bastante agradable con la directora de ventas aunque tampoco puedo negar que me sigo mordiendo las uñas pensando si al final del mes, cuando reciba mi sueldo y mis comisiones, podré cubrir todos los gastos en los que he tenido que incurrir".

-Leah, ¿acaso hay momentos en los que no te alcanza para lo más indispensable?

Y al escucharme sus ojos se llenaron de lágrimas que acompañaron su respuesta:

-¡Han habido ciertos días en los que he tenido que abrir una lata de atún y esa ha sido toda mi comida!

Al escucharla mi corazón se encogió y una vez más contacté con la convicción de que solamente lo femenino en el alma humana es capaz de sacrificarse, a tal grado, por lo que ama. Experimenté una profunda admiración por las mujeres y le pregunté:

-Dime Leah, ¿estás consciente de cuánto quieres a tu mamá? ¿Te das cuenta de que las personas tenemos cierto tipo de amor que solamente se puede entregar a alguien en particular?

No sé si estarás de acuerdo, pero en el caso específico de los padres, aunque en algunas ocasiones puedan haber actuado de manera agresiva y poco amorosa hacia sus hijos, éstos aunque ya hayan crecido, conservan un pedazo de alma infantil que sigue deseosa de entregar -a su padre o a su madre- todo ese amor que no ha podido salir natural y espontáneamente.

Los hijos, tenemos la ilusión de que con nuestros actos de amor vamos a lograr que nuestros padres dejen de ser quienes son y, con ese objetivo, llegamos a realizar grandes sacrificios con tal de redimirlos y poder sacar de nuestro interior ese amor que estando adentro nos lastima. Leah, sonrió y me dijo que nunca lo había visto de ese modo.

Después de un par de meses, se pudo ir desligando un poco de la situación familiar y dejó que su hermana se hiciera más cargo de su mamá, además de que pudieron contratar a una cuidadora.

Leah comenzó a tener más tiempo para ella y, a la vez, su relación con Tomás entró en un período de alejamiento durante el cual reapareció en su vida un hombre que estuvo trabajando en la misma empresa que ella.

Ya desde antes le había parecido muy atractivo y, de hecho, en una ocasión él la invitó a comer. Leah, según me dijo, jamás se imaginó que él la llamaría, pero así sucedió. Se refiere a él como: "¡Un tipo que reúne muchas de las cualidades que busco en un hombre para tener una relación en serio!".

Le pedí que fuera más explícita y me dijo: "¡Es educado, guapo, galante, ambicioso, organizado y puedo platicar muy bien con él. Para mí es algo bien importante pues lo podría presentar ante mi familia y nadie me reprocharía nada, lo que no sucede con Tomás! Creo que por fin encontré al hombre de mi vida y no pienso dejarlo escapar, así es que me voy a esforzar al máximo para que se enamore de mí".

Pero Leah, no podía terminar su relación con Tomás antes de iniciar una nueva con Ramiro y cuando le pregunté qué pensaba hacer me contestó que nada, que comenzaría a ser fría e indiferente con el primero hasta que él se cansara y se alejara de ella.

Le dije entonces que eso era lo que siempre hacía y que era importante que cambiara su actitud pero me dijo, con una gran sonrisa, que por lo pronto no dejaría escapar a Ramiro y así fue.

Las siguientes sesiones fueron dedicadas a escuchar todo lo bueno que era Ramiro y cómo disfrutaba estar al lado de él. Tomás dejó de ser parte de su vida aunque, de vez en cuando, todavía la llamaba.

Todo iba sobre ruedas hasta que Ramiro le comunicó a Leah que en dos meses participaría en un torneo internacional de badminton que se llevaba a cabo solamente cada tres años y que, debido a las exigencias físicas que se requerían y a que él, por su edad, ya no participaría en el siguiente, necesitaba dedicar mucho tiempo a entrenarse y que por ese motivo no podría verla con la frecuencia que hasta hoy lo estaba haciendo.

Leah me dijo que al escucharlo su corazón se encogió, pero como no quería perderlo, no solamente aceptó sin chistar y sin llegar a un acuerdo acerca de la manera en la que continuarían su relación, sino que todo quedó en el aire.

Cuando nos vimos en la siguiente sesión, le pregunté qué estaba sucediendo y ella me dijo que no pensó que Ramiro tomaría tan en serio su torneo puesto que no lo había visto y que solamente se comunicaban por teléfono.

¿Qué siguió? Simplemente que Leah comenzó a decepcionarse de Ramiro y comenzó a platicarme que realmente no se había dado cuenta de varias cosas que no le gustaban de él y que el pasado fin de semana la había dejado esperando y que después de dos horas, la llamó para decirle que con el entrenamiento de la noche anterior se había quedado dormido, pero que se comunicaría con ella para salir el próximo domingo.

Esa fue la gota que derramó el vaso y muy enojada -con él y con ella misma- Leah dejó enfriar la relación y comenzó de nuevo a hacer contacto con Tomás, de quien había estado teniendo alguna información a través de una amiga mutua.

Cuando le pregunté si se daba cuenta de que, una vez más, estaba repitiendo su forma de resolver un conflicto, esto es, sin aclarar lo que en realidad había estado sucediendo, me dijo que sabía que tenía que hablar con Ramiro, pero que algo en su interior la detenía: "¡Es como si no pudiesen bajar los pensamientos a mi boca. Se me van las palabras!".

-Leah, ¿qué quisieras decirle a Ramiro?

-Que ya no quiero seguir con él, que no es lo que yo esperaba y que es mejor terminar.

-Leah, ¿no le piensas comentar acerca de tu enojo, tristeza y dolor por la forma en que te ha tratado?

-¡No le veo el caso! Es más, ni siquiera se lo merece.

-¿Sabes algo Leah?, decirle a Ramiro tus sentimientos no tiene nada que ver con si se lo merece o no, tampoco tiene como objetivo que él recapacite, vamos, ni siquiera que se sienta "mal".

Lo importante es que cuando una persona puede expresarle a otra los sentimientos que surgen en su relación, está validándose a si misma. No vas a decirle lo que te sucede pensando en él, más bien, es un regalo para ti.

-Lo que pasa es que ni siquiera estoy segura ni tengo claro lo que estoy sintiendo, parece que mis sentimientos estuvieran ocultos o se hubiesen escondido, es como si no sintiera nada.

-Esa es una maniobra de la que ya hemos hablado y parece que algo te amenazara o te diese miedo. ¿Qué crees que pasaría si se lo dices?

-Bueno, tal vez él me diría cosas de mí que no le gustaron o que le molestan.

-¿Y si ese fuese el caso te afectaría?

-Me lleno de angustia nada más de pensar en que no he actuado tan bien como yo creo. No es que me sienta perfecta, pero creo que me he portado con él como con nadie más.

-¿De verdad Leah?

-¡Sí, claro que sí!

-Y qué te parece si dejas de responsabilizarte porque la relación se haya enfriado y simplemente tratas de echarle toda la culpa a él. ¿Cambiaría algo para ti?

-¡Creo que sí, mucho!

-Mira Leah, nadie puede asegurar que lo que tú hiciste o la forma en la que te comportaste son la causa de su desinterés. Es posible que él no esté preparado para tener una relación seria y estable. ¿Qué te hace pensar que solamente tú eres responsable?

-¡Estoy acostumbrada!

-De acuerdo, pero ¿no crees que ya estás preparada para intentar algo diferente? Has estado trabajando duro en tu terapia y aunque no se trata de pasar un examen, te conviene darte cuenta de tus avances. Por supuesto que al fin y al cabo es tu decisión, no pretendo obligarte a que hagas algo si no lo quieres. ¿Qué dices?

-¡Lo voy a pensar! Pero, ¿significa que no puedo ver a Tomás o salir con alguien hasta que hable con Ramiro?

-Pues a mí no me parecería mala idea, pero lo que realmente considero importante es que se cierren por completo los círculos de una relación y así quedar libre para entregarse a una nueva oportunidad.

Con este comentario terminó la sesión, la acompañé a la salida y nos despedimos.

Se ha hablado tanto de la manera en que las personas intentamos resolver una y otra vez el mismo problema aplicando la solución que ya en el pasado no ha sido útil, que quienes así lo hemos hecho somos etiquetados como tercos, necios, obsesivos y otros adjetivos similares que en lugar de ayudarnos pueden provocar coraje y sentimientos relacionados con el rechazo.

Por todo lo anterior, quiero decir nuevamente: La lógica y la fuerza de voluntad no siempre bastan para enfrentar las energías psíquicas que se encuentran detrás de nuestras actitudes repetitivas ante las cuáles, la razón y el sentido común se desmoronan.

Conviene entonces comenzar a buscar la solución en otro lado y, como ya hice mención con anterioridad, intentemos preguntar para qué en lugar de por qué. Veamos hacia el futuro en lugar de al pasado, pues en éste encontraremos solamente una serie de hechos de los que nada se puede cambiar.

Capítulo doce

La siguiente sesión, Leah comenzó a platicar lo que estaba sucediendo con Tomás y Ramiro, y me contó que el primero ya no le había llamado y que el segundo la había invitado al cine y después a cenar, pero que no pudo decirle nada de lo que habíamos platicado en la sesión anterior, aunque sí hizo algo:

-¡Lo tenía frente a mí y mi corazón estaba latiendo con mucha fuerza, tanta que temí que se me notara! Mis manos estaban sudando y aunque tenía la convicción de decirle que me estaba doliendo su actitud me callé, pero no tan sólo eso sino que comencé a ser muy amable y simpática hasta que me di cuenta y –como ya me ha sucedido otras veces- me critiqué por ello, lo que aumentó mi enojo.

Entonces, recordé fugazmente que Ramiro es un hombre celoso y que le gusta recibir mucha atención, así es que lo que hice a continuación fue voltear constantemente hacia otras mesas pues, no te lo he dicho pero ese día me vestí particularmente bien y lucía muy guapa.

El me preguntó si conocía a alguien y le contesté que no estaba segura, pero que un hombre que se encontraba sentado a sus espaldas me recordaba a un antiguo compañero. ¡Vaya que gocé viéndolo torcerse el cuello tratando de voltear hacia la mesa de atrás! ¡Sí, lo gocé mucho! Y lo mejor fue que su actitud de no pelarme cambió por completo y se desvivió por atenderme y ser muy amable conmigo.

¡Es un cabrón…es igual que todos! ¡Y me sentí muy bien al desquitarme y verlo tan sumisito y complaciente!

-¿Sabes una cosa Leah? Atenea se comportaba de una manera similar a la tuya pues tampoco podía mostrar abiertamente su parte agresiva sin tener, según su propia opinión, una buena justificación.

Ella me contestó señalando:

-No te entiendo bien.

-Mira, como ya te dije antes, lo mejor aunque sé que para ti no es lo más sencillo, sería tener una buena conversación con él y decirle todo lo que has estado sintiendo con sus actitudes, de otra manera, él puede estar desconcertado ya que no le explicas con claridad lo que sucede.

Dime una cosa, ¿qué pasaría si te comportaras de forma inadecuada con alguien que te interesa -y que dice que tú le interesas también- y después de "padecer" tu actitud no te reclama y ni siquiera te pide que le aclares lo que sucedió? Piénsalo bien antes de contestarme Leah.

Y después de unos momentos me respondió:

-¡Pues que no le intereso en realidad!

-Leah, esa es una gran respuesta. Ya hemos hablado de que hay personas que han crecido de manera diferente y nuestras heridas no siempre son las mismas, por eso es importante hablar, decir, aclarar, compartir y, en una palabra, comunicarnos. Por supuesto que esto implica tener que exponer nuestra humanidad y ser vulnerables.

En ocasiones, cuando me he atrevido a decirle a una persona lo que siento, he recibido respuestas como: ¡Pues no tienes porqué sentir eso! ¡Estás mal! ¡No entiendo por qué! y ¡Creo que eres demasiado sensible! Como si eso fuera un pecado.

Leah, esa es la forma en la que algunos individuos tienen que defenderse, ya que posiblemente les invade un sentimiento de culpa y piensan que los estoy acusando si les digo lo que siento. Pero como ya te habrás dado cuenta, eso mismo es lo que esas personas hacen con sus sentimientos. Alguna experiencia dolorosa los obligó a rechazarlos y eso es lo que intentan hacer conmigo. Yo sé bastante de ese tema, ¿y tú?

En esos momentos es de suma importancia que les explique que nadie puede decirme qué puedo sentir y qué no. Nadie ha vivido mi vida y nadie ha experimentado lo que yo.

Pero pon atención, porque lo que puede suceder es que cuando tú tengas ganas de decirle a otra persona lo que te está pasando, surja en tu interior el recuerdo de esas veces en las que confesar tus sentimientos tuvo una contestación completamente inadecuada e hiriente, como te sucedió al contarle a tu tía la traición del que fue tu esposo y cuando le dijiste a tu mamá que te irías a vivir a una nueva casa con tu pareja.

Tú recibiste agresión en lugar de entendimiento y eso te causó una profunda herida, pero te aseguro que es mejor aclarar las cosas aunque comprendo tus temores.

Tal vez una de las razones que tienes para callar es proteger a los demás, pero también puede ser que otra de tus razones sea la necesidad que tienes de conservar la imagen de una mujer inteligente, racional y a la que muy pocas cosas alteran.

Es posible que esto te suceda cuando una persona te dice que está enojada con tus actitudes y aunque en la superficie lo aceptes y seas muy hábil para ocultar lo que sucede en tu interior, bien sabes que para ti es muy difícil cargar con la responsabilidad de otra persona y tu herida se abre causando un profundo dolor, pero quiero decirte que, si bien es cierto que uno puede aportar al bienestar del otro, éste es al final de cuentas el responsable de sus sentimientos y nadie más.

Volviendo al tema de Atenea, te diré que la diosa tenía un papel que jugar entre los griegos, particularmente en el mundo patriarcal.

Ella se dedicó a mostrarse siempre muy complaciente y a apoyar a los hombres en sus cometidos. Sin embargo, no tuvo una buena relación con las mujeres, de hecho, la historia de sus encuentros con Medusa y Aracné, describen con claridad esa situación.

Atenea, no era muy amiga de otras diosas ni de las humanas, sobre todo en esas ocasiones en que le mostraban aspectos de ella que, por supuesto no aceptaba. Cuando eso ocurría, primero las despreciaba y al aplicarles el castigo, literalmente, se cubría los ojos con su escudo para no ver.

Me gustaría saber si hay algunas actitudes que te molesten de tus amigas, tal vez si son "demasiado femeninas", débiles y vulnerables, soñadoras y cursis, a las que les agrada cocinar y cuidar del hogar.

De hecho Leah, me pregunto si tú tienes muchas amigas.

Al oírme, ella se echó para atrás en el asiento y me dijo:

-¿Sabes? En este momento solamente me llevo con dos o tres mujeres. No nos frecuentamos mucho, pero todas tenemos en común que estamos sin una pareja estable.

Como yo, dos de ellas estuvieron casadas pero sus matrimonios no duraron más de tres años. La otra nunca se ha casado. Además, compartimos el hecho de ser mujeres muy trabajadoras y que en uno u otro momento nos hemos tenido que hacer cargo de nuestros padres.

¿Sabes una cosa? No me caen bien las mujeres que son muy dulces, ni las que han deseado tener un marido que las mantenga, aunque en ocasiones pienso que me gustaría. No sé por qué pero si te digo la verdad, a esas mujeres las considero inferiores.

Hay otras emociones con las que no estoy muy identificada, por ejemplo, los celos. Creo que una persona celosa no se siente ni valiosa ni segura.

En ese momento le dije:

-Oye, ¿me estás diciendo que cuando viste al que fue tu esposo salir de la mano de otra mujer no sentiste celos? O que cuando descubriste los mensajes en el celular de Diego ¿no sentiste celos?

Leah, una cosa es no tener celos y otra muy diferente es ocultarlos, porque de esa manera te sientes superior a otras mujeres. Esa actitud se parece a la soberbia ¿o no?

-Pues no lo había visto desde ese punto de vista pero creo que tienes algo de razón ya que, sin que se den cuenta, las desprecio y hasta me puedo burlar de ellas.

-Dime Leah, ya que estamos tocando este tema, ¿recuerdas haberte visto involucrada en otros casos en que te experimentas como alguien superior a las personas con las que estás teniendo algún trato o relación? Pienso que sería muy conveniente explorarlo, sobre todo relacionado con esa sensación de soledad que aumenta en ciertas ocasiones, ¿te parece?

Y Leah me contestó que sí, pero que siguiera explicándole su parecido con Atenea.

-Entonces Leah, te diré que los libros de psicología le han puesto al comportamiento de una persona que trata de ocultar el enojo que verdaderamente siente en su interior y que espera para desquitarse después disimuladamente, la etiqueta de actitud pasivo-agresiva y yo lo describo más o menos así:

Percibo que alguien hace algo que me hiere o que me molesta mucho y aunque tenga ganas de desquitarme inmediatamente, prefiero esperar a que ocurra alguna otra cosa que justifique mejor el tamaño de mi venganza, pues que el castigo será implacable.

En otras palabras, soy capaz de esperar rumiando silenciosamente, hasta que surja una mejor oportunidad y cuando me desquite o castigue a esa persona, nadie podrá decir que soy un hombre malo, que soy muy rencoroso o que estoy tomando una acción exagerada.

Si -en el peor de los casos- soy descubierto podré negar que lo hice con esa intención y así, podré conservar mi máscara de buena gente y no perder mi imagen.

Esta manera de actuar apareció espontáneamente dentro de mí, y la describo como una "inconsciencia simulada". Se actúa en dos tiempos:

En el primero de ellos, haré todo lo posible por no mostrar el dolor que me ha causado una determinada acción y si se nota lo negaré.

En el segundo tiempo, voy a tratar de lastimar a quien percibí como atacante, pero tendré una buena excusa tras la cual ocultar mis actos de venganza.

Como te puedes dar cuenta Leah, de una manera similar a la función trascendente de la que ya platicamos, con esta actitud se reúnen los opuestos y se demuestra que sí se puede servir a dos amos y no quedar mal con ninguno.

Tengo que decirte que el verdadero peligro, reside en que esta forma de actuar sea utilizada la mayor parte de las veces en que nos sintamos lastimados por las actitudes de los demás, pues de esa manera nuestros sentimientos seguirán permaneciendo ocultos y sin que los otros sepan qué es lo que nos lastima, quedando así expuestos a ser heridos de nuevo.

-¿Eso es lo que hago?

-¿No lo habías notado Leah?

Con este comentario terminó nuestra sesión y dos semanas después ella me decía: "Durante estos días, realmente he estado reflexionando sobre las ocasiones en las que me siento superior y he recordado diferentes situaciones pero lo más interesante es que no solamente lo hago con otras mujeres, sino también con los hombres.

No sé exactamente qué es lo que sucede pues, por ejemplo, al principio de mis relaciones amorosas veo a los hombres superiores a mí, pero no pasa mucho tiempo cuando comienza mi ascenso y termino por despreciarlos y por creer que en realidad no me merecen. No me gustó darme cuenta de lo que he estado haciendo pero ya lo trabajaremos ¿sí?".

Después, me contó que se había reunido con Ramiro pues lo había invitado a cenar a su casa.

-¡No sé qué sucedió, pero desde que llegó me di cuenta de una extraña tranquilidad dentro de mí! Recordé por un momento todas las ocasiones anteriores en las que había querido decir lo que me pasaba y no pude, pero esa noche me sentía completamente diferente.

Platicamos un poco y después cenamos. Cuando estábamos tomando un café, surgió el tema de nuestra supuesta relación y le pude contar acerca de los sentimientos que había experimentado durante el tiempo en el que habíamos estado saliendo. No me guardé nada y después pude escuchar lo que a él le sucedió.

Me dijo que nunca había sentido que nuestro noviazgo hubiese sido tal, sino que él estuvo muy confundido pues nada estaba completamente claro.

No me sentí culpable sino que acepté lo que él expresó. No me juzgué y eso me acabó de tranquilizar. Nos despedimos y quedamos de hablarnos más adelante.

Esa noche dormí como bebé y ni te imaginas la manera en que me desperté, pues sonó el teléfono como a las 7 de la mañana y era Tomás. Yo ya me había enterado por una amiga común que él estaba buscando la manera de establecer contacto conmigo nuevamente. Sentí mucha alegría y quedamos de vernos para tomar un café.

Nos reunimos apenas ayer y me platicó de cómo se había estado sintiendo desde que me alejé de él. Me dijo que realmente estaba interesado en mí y que estaba seguro de que nos debíamos dar otra oportunidad. Que me quería y extrañaba. Me sentí muy halagada, pero en ese preciso momento, por mi espalda corrió un profundo escalofrío. No estoy segura de si quiero volver con él.

Leah volteó ese momento hacia el reloj de la pared y me comenzó a decir que debido a la situación de sus finanzas, necesitaba tomarse unas vacaciones de la terapia.

Reponiéndome de la sorpresa, le pregunté que si esa era la única razón y me contestó que sí y entre risas nerviosas me explicó que había pensado decírmelo al inicio de la sesión, pero que ya en el consultorio no pudo evitar platicarme acerca de sus reflexiones relacionadas con la soberbia, ni contener su entusiasmo por lo que había logrado decirle a Ramiro.

Después de que transcurrieron unos momentos en los que seguí asimilando lo inesperado de la decisión de Leah, le propuse que tuviéramos una última sesión de cierre pero me dijo que al día siguiente saldría de viaje durante un mes.

Entonces le pedí que me platicara de los cambios que había logrado hacer durante la terapia y de las actitudes con las que todavía seguía luchando. A eso dedicamos el tiempo restante, platicando acerca de cómo llegó y cómo se iba.

Le pedí que siguiera anotando sus sueños en esa libreta especial para ellos y le dije que si surgía algún momento de crisis, ella ya contaba con herramientas para trascenderlo, pero que si lo necesitaba, me llamara por teléfono.

Acordamos que se pondría en contacto dentro de seis meses y a las siete en punto la acompañé a la salida y nos despedimos.

Epílogo

Subí las escaleras con una sensación de tristeza y pensando en la creencia de que al consultorio llegan los pacientes que necesitamos. A mí, me consta.

Así terminó este primer período de la psicoterapia de una mujer que tenía miedo de mostrar quién realmente era, y es que en su interior se activaron ciertas energías psíquicas cuyo origen se encuentra en un nivel mucho más profundo que su vida personal y que de no haber sido necesario para sanar sus heridas y madurar, bien podían haber permanecido en estado latente.

Aún siendo una diosa, a Atenea le ocurrió algo similar pero no pudo despojarse de su linaje olímpico.

Tal vez exista otra razón, pero quiero creer -aún a riesgo de estar completamente equivocado- que gracias a su experiencia de vida y a la oportunidad de tratarla, saldrán a la luz de la conciencia varios patrones de conducta a los que en honor de Neith, de lo femenino, de Atenea y de todas las mujeres he llamado: El silencio de Leah.

Varios meses después, en la tarde de un día de verano como muchos otros, el sol comenzaba a declinar y a través de las ventanas del consultorio sus rayos proyectaban sobre la pared las sombras de algunos árboles cercanos. El clima era cálido y la brisa apenas corría. Se podían escuchar los cantos de algunos pájaros dándole la bienvenida al incipiente ocaso y a la vez, se oía el ruido de los autos circulando por la calle que da a la parte trasera del edificio.

Sonó el timbre a las seis en punto y contesté: era Leah.

Acerca del autor

Jorge se dedica a la psicoterapia desde el año 1998 y por más de catorce años ha estado en contacto con la psicología analítica. Aunque no es psicoanalista, ha recibido la mayor parte de su entrenamiento de psicoterapeuta con miembros del Instituto C. G. Jung de Chicago en los Estados Unidos de América y del Instituto C. G. Jung de Küsnatch en Suiza.

Tiene, además, una maestría en Psicoterapia Ericksoniana y el certificado de Técnicas Avanzadas. Cursó el Diplomado en Técnicas de Psicoterapia aplicadas a la Clínica con la Sociedad Castellano Leonesa de Psiquiatría y completó los estudios de Especialista Universitario en Clínica y Salud Mental con la Universidad Abierta de Cataluña.

Concluyó el curso de Evaluación e Intervención desde la Psicología Clínica para Anorexia y Bulimia , con el Instituto Balear de Psiquiatría y Psicología.

También recibió la formación en EMDR (Movimientos Oculares) reconocido por EMDRIA, su Asociación Internacional. Tomó el entrenamiento básico en Psicoterapia con Energía, avalado por el Centro de Psicología Alternativa de Colorado, en los Estados Unidos de América.

En el año 2002, durante la Primera Conferencia Académica Internacional patrocinada conjuntamente por el Departamento de Psicología de la Universidad de Essex y la Asociación Internacional de Psicología Analítica en Inglaterra, presentó su trabajo titulado: "Fybromialgia. Parallelism Between Myth and Illness".

En el año 2003, en el IV Congreso Virtual de Psiquiatría organizado por Interpsiquis desde España, participó con su tesis acerca del tratamiento de los trastornos somatoformes con psicoterapia ericksoniana y en el 2004, en la ciudad de Chicago en los Estados Unidos presentó, durante el Congreso Nacional de la Asociación Americana de Psicoterapia su ponencia: "Fybromialgia. The Bewitchery of Medusa. A Jungian Approach".

Actualmente vive en la ciudad de México y ejerce su profesión de manera privada.

Glosario de términos

He seleccionado los términos que considero pueden resultar nuevos para algunas de las personas que lean el libro. Están acomodados en orden de aparición y fueron extraídos del Lexicon Junguiano publicado por Editorial Cuatro Vientos.

(1)   Inconsciente colectivo: Capa estructural de la psique humana que contiene elementos heredados, diferentes del inconsciente personal. El inconsciente colectivo contiene la herencia espiritual completa de la evolución de la raza humana que se origina en la estructura cerebral de cada individuo.

(2)   Complitud: Estado en el cuál la conciencia y el inconsciente trabajan juntos en armonía. En términos de individuación, donde la meta es tener una conexión vital con el Sí-Mismo, Jung contrastó la complitud con el deseo conflictivo de llegar a ser perfecto.

(3)   Individuación: Es el proceso de diferenciación psicológica que tiene como meta el desarrollo de la personalidad individual. Lo que persigue la individuación es, nada menos que despojar al ser humano de las falsas envolturas de la persona y del poder sugestivo de las imágenes primordiales del otro. La individuación es un proceso que surge de la idea de totalidad, que depende de la vital relación entre el ego y el inconsciente. La meta no es conquistar nuestra psicología personal para llegar a ser perfectos, sino familiarizarnos con ella. Por lo tanto, la individuación incluye el incremento de la conciencia de nuestra realidad psicológica, incluyendo nuestras fortalezas y limitaciones, y

al mismo tiempo una apreciación más profunda de la humanidad en general. La individuación debe conducir a relaciones colectivas más amplias e intensas, no al aislamiento.

(4) Sí-Mismo: Es el arquetipo de la totalidad y el centro regulador de la psique; un poder transpersonal que trasciende al ego.

Como un concepto empírico, el Sí-Mismo designa la totalidad de los fenómenos psíquicos en el hombre. Expresa la unidad de la personalidad como un todo. Pero en tanto es la personalidad total, si consideramos los componentes inconscientes, solamente puede ser consciente en parte. Comprende lo que se puede experimentar y lo que no, al menos, todavía.

(5) Adaptación: Es el proceso de ponerse de acuerdo, por un lado, con el mundo exterior y, por el otro lado, con las características psicológicas de uno mismo.

Antes que la individuación pueda ser una meta, debe lograrse la adaptación al mínimo necesario de las normas colectivas. El constante flujo de la vida demanda, una y otra vez de la renovación de la adaptación. La adaptación nunca se logra una vez y para siempre.

El hombre no es una máquina en el sentido de poder mantener consistentemente los mismos resultados. Puede satisfacer las necesidades externas de una forma ideal solamente si también se ha adaptado a su propio mundo interno, esto es, si está en armonía consigo mismo. A la inversa, solamente puede adaptarse a su mundo interno y alcanzar la armonía consigo mismo cuando se ha adaptado a las condiciones del medio ambiente.

(6) Represión: La supresión inconsciente de contenidos psíquicos que son incompatibles con la actitud de la conciencia. La represión es un proceso que se inicia en la niñez temprana bajo la influencia moral del medio ambiente y continúa por toda la vida. La represión causa lo que se conoce como una amnesia sistemática en la que memorias específicas o grupos de ideas son retirados de la conciencia por ser dolorosos y desagradables.

(7)   Personalidad: Aspectos de cómo el alma funciona en el mundo. Para el desarrollo de la personalidad, es esencial la diferenciación de los valores colectivos, particularmente aquéllos materializados y adheridos a la persona. El carácter social está orientado, por un lado, en las expectativas y demandas de la sociedad, y por el otro lado, en las aspiraciones sociales del individuo.

(8)   Sombra: Aspectos ocultos o inconscientes de uno mismo, tanto buenos como malos, a los que el ego ha reprimido o nunca ha reconocido.

La sombra es un problema moral que reta al ego pues nadie se puede hacer consciente de su sombra sin un considerable esfuerzo.

Llegar a estar consciente de ella incluye el reconocimiento de los aspectos oscuros de la personalidad.

Está compuesta, en su mayoría, por deseos reprimidos e impulsos incivilizados, motivos moralmente inferiores, fantasías infantiles y resentimientos, esto es, de todas esas cosas de las que no nos sentiríamos orgullosos.

(9)   Contenedor terapéutico: Espacio sagrado y protegido.

Describe un contenedor psicológico personal en el sentido de la privacidad que rodea una relación analítica.

(10) Tipo psicológico: Es una actitud general o función característica. Los tipos, a los que uno puede llamar pensamiento, sentimiento, sensación e intuición, es posible dividirlos en dos clases de acuerdo a la calidad de la función básica, en racionales e irracionales. Los tipos pensamiento y sentimientos pertenecen a la primera clase, los tipos sensación e intuitivos a la segunda.

(11) Energía psíquica: Se le conoce como libido y Jung distanció su concepto del de Freud, para quien tenía un significado predominantemente sexual.

La energía psíquica nunca puede ser aprehendida en un forma definida, esto quiere decir, que es idéntica con las imágenes de la fantasía.

Todos los fenómenos psicológicos pueden ser considerados como manifestaciones de energía, en la misma forma que todos los fenómenos físicos pueden entenderse como manifestaciones energéticas. Subjetiva y psicológicamente, esta energía se concibe como deseo.

(12) Regresión: Movimiento hacia atrás de la energía psíquica en busca de un modo anterior de adaptación, a menudo acompañado por fantasías infantiles y deseos. La regresión, como una adaptación a las condiciones del mundo interno, brota de la necesidad vital de satisfacer las demandas de la individuación.

(13) Esquema de las relaciones.

(14) Conciencia: Es la función o actividad que mantiene la relación de los contenidos psíquicos con el ego.

(15) Función trascendente: Es una función psíquica que surge de la tensión entre la conciencia y el inconsciente y apoya su unión. Esta función nace de manera natural a partir de la regresión de la libido ocasionada por el bloqueo.

Las tendencia del consciente y el inconsciente son dos factores que juntos crean a la función trascendente.

En un estado de conflicto o de depresión para el cual no hay solución aparente, el desarrollo de la función trascendente depende de hacerse consciente del material inconsciente. Una vez que se ha dado forma a los contenidos inconscientes y el significado es entendido, surge la cuestión de cómo se relacionará el ego con esa posición y como el ego y el inconsciente se pondrán de acuerdo.

Para que el proceso continúe, se requiere de un ego fuerte que pueda mantener su punto de vista frente a la postura opuesta del inconsciente. Los dos son del mismo valor y la confrontación entre los dos genera una tensión cargada de energía y crea una tercera esencia viviente.

(16) Intrapsíquicas*: Con este término se describen las relaciones que una persona tiene con los diferentes aspectos de su personalidad.

(17)   Psicopompo: Es un factor psíquico que lleva los contenidos inconscientes a la conciencia, a menudo personificado en la imagen de un viejo sabio o una anciana sabia, y en ocasiones como un animal que ayuda.

(18)   Proyección: Proceso automático por el cuál los contenidos de nuestro inconsciente son percibidos como si estuvieran en otros. Proyectar significa expulsar un contenido subjetivo sobre un objeto. Es un proceso de desasimilación en el que un contenido se vuelve extraño al sujeto y se personifica en un objeto. Proyectar no es un proceso consciente. Uno se encuentra con las proyecciones, no las crea.

* Esta definición es personal y no forma parte del Jungian Lexicon.

Bibliografía

*Lexicon Junguiano: Compendio de términos y
conceptos de la psicología de Carl Gustav Jung.*
Daryl Sharp.
Editorial Cuatro Vientos, Santiago de Chile. 1994

THE GUIDING FEMININE
Katherine Griffis-Greenberg
Goddesses of Ancient Egypt
Neith:
*Ancient Goddess of the
Beginning, the Beyond, and the End*
www.griffis-consulting.com
Copyright 1997-2003 and beyond. All rights reserved.

OVIDIO. LAS METAMORFOSIS.
Editorial Porrúa.
1999.
México.
Copyright 1999.